Zahra Munir Munsif Ali Safa

Die Rechtsmethodologie des Islam im Perspektivenwechsel

Autor Zahra Munir Munsif Ali Safa

Cover-Gestaltung Zahra Munir Munsif Ali Safa

Gestaltung und Satz Zahra Munir Munsif Ali Safa

© 2014 Zahra Munir Munsif Ali Safa

Alle Rechte vorbehalten, auch die der fotomechanischen Wiedergabe und der Speicherung in elektronischen Medien. Das Erstellen und Verbreiten von Kopien auf Papier, auf Datenträgern oder im Internet ist nur mit ausdrücklicher Genehmigung der Veröffentlichenden gestattet.

Obwohl die Inhalte dieses Buches mit größter Sorgfalt erarbeitet und zusammengestellt wurden, sind Fehler nicht vollständig auszuschließen. Die Veröffentlichenden weisen darauf hin, dass keine Haftung für Folgen, die auf fehlerhafte Angaben zurückgehen, übernommen werden kann.

*Dieses Buch ist all jenen gewidmet,
die keine Epigonen sein werden*

Das vorliegende Buch enthält eine Sammlung von vier Abhandlungen zum Thema der Rechtsmethodologie des islamischen Rechts, die im Licht der Ethik, des Rechtsvergleichs und der Rechtsgeschichte reflektiert wird.

Methodologische Rechtsfragen der malikitischen Rechtsschule mit Fallbeispielen zur Salat und Zakat

Einleitung

Eine Beschreibung der Exegese im Rahmen der Shuruh malikitischer Rechtsschule kann sich – wie im Falle der vorliegenden Abhandlung - auf die Beschreibung der Verfahren bezüglich der Einzelfragen beschränken oder die Systematik der Usul-ash-Shuruh darstellen. Die vorliegende historische und chronologische Analyse berücksichtigt Kommentare, die bis zum 19. Jahrhundert entstanden sind. Es erfolgt der Versuch, die Entwicklung der Sharh-Literatur der malikitischen Juristen vom achten bis zum 19. Jahrhundert anhand des konkreten Fallbezugs nachzuzeichnen. Die Analyse, die begrenzte Themenbereiche zur Salat und zur Zakat fokussiert, ergründet die methodologischen Hintergründe, ohne Grundsätze der Usul-ash-Shuruh zu formulieren. Im Zentrum der Betrachtung steht die Analyse der Bezüge zwischen den Werken Sahnuns, Ibn Abi Zayds, Khalil ibn Ishaqs, ad-Dardirs und as-Sawis und den Vorschriften des Quran und der Sunna, deren Muwatta des Malik ibn Anas eine hervorgehobene Bedeutung besitzt, während die Risala Ibn Abi Zayds und der Mukhasar Khalils sekundäre Anknüpfungspunkte darstellen. Ibn Abi Zayd (st. 386/996) ist der Autor der Risala, die aus dem vierten/zehnten Jahrhundert stammt. Khalil ibn Ishaq (st. 776/1374), der in Kairo studierte, wo er in der Lehre tätig war, ist der Verfasser des Mukhtasar, einer Abhandlung zur malikitischen Theologie. Der Mukhtasar Khalil ibn Ishaqs (st. 776/1374) aus dem achten/14. Jahrhundert stellt wie der Große Kommentar „Aqrab al-masalik" ad-Dardirs (1128/1715 - 1201/1787), der als Sohn des Scheich Muhammad in Ägypten geboren wurde, eine konzis abgefasste Monographie, die für das Studium eines Anfängers ungeeignet ist, dar. Der Kleine Kommentar ad-Dardirs beinhaltet einen Superkommentar zum Mukhtasar Khalils. Er ist als Lehrbuch für Studenten zu Beginn des Studiums geeignet, da die Sachverhalte didaktisch aufbereitet werden. Dieser Zweck wird durch den „Superkommentar" des aus einem Dorf Westägyptens stammenden as-Sawi al-Maliki (1175/1761 - 1241/1825 in Medina) unterstützt, der Anmerkungen zur Randerläuterung ad-Dardirs beinhaltet. Diese Werke haben maßgeblich zur Entwicklung und Erforschung der malikitischen Furu beigetragen. Die Darstellung dieser Rechtsschule erfolgt, um den Muwatta, der die Überlieferungen des Propheten, salla Allahu alayhi wa sallam, mit dem Ray des Malik ibn Anas verbindet, von den Rechtsquellen der Sharia abzugrenzen und die Besonderheiten zu skizzieren, welche die Basis der Shuruh zum Mukhtasar Khalils darstellen.

Die Lehre des Malik ibn Anas

Studierende aus allen Ländern reisten in den Higaz, um von dem Imam, der seine Lehrtätigkeit im Alter von 20 Jahren aufnahm, unterrichtet zu werden. Eine Auswahl dieser Schüler, die hier erwähnt wird, verfasste Kommentare zum Muwatta und trennte den Ray des Imam von den Überlieferungen. Rabya ibn Abd ar-Rahman und Muhammad ibn Shihab az-Zuhri, die den Gründer des medinensischen Madhab zunächst unterrichtet hatten, überlieferten zu einem späteren Zeitpunkt von ihm. Abu Musab az-Zuhri (st. 242/857) wurde in Medina geboren und ist als einer der Rezensenten des Muwatta bekannt. Des Weiteren zählten die Rechtsgelehrten Abu Abd Allah Muhammad ibn al-Hasan ash-Shaybani (st. 187/803) und Muhammad ibn Idris ash-Shafi (st. 204/820) zu seinen Schülern. Ash-Shaybani, ein Student Abu Hanifas, der von Sufiyan ath-Thauri tradierte, wirkte als einer der Rezensenten des Muwatta an dessen Verschriftlichung mit und verfasste unter anderem das „Kitab al-Asl" (fünf Bände, Beirut 1990), welches verschiedene Aspekte der Rechtsanwendung erörtert und wie das „Kitab al-Gami al-kabir" zur Ausformung der Grundsätze des islamischen Rechtes beitrug. Zu den bedeutendsten Studenten in Medina zählten Muhammad Ibrahim ibn Dinar (st. 182/799), Abd al-Aziz ibn Hazim (st. 185/801), Uthman ibn Aysa (st. 185/801), al-Mughayra ibn Abd ar-Rahman al-Mahzumi (st. 212/828), die Hadith-Wissenschaftler Ibn Nafi al-Asghar az-Zubayri (st. 215/831 in Medina) sowie Abu Ishaq Ibrahim ibn al-Munayr al-Hizami (st. 235/849). Abu Musab Mutarrif ibn Abd Allah al-Hilali (st. 214/829), der Neffe des Imam, reiste in den Irak und in den Higaz, um dort bei Malik ibn Anas zu studieren. Abu Bakr Abd al-Hamid ibn Abi Uways (st. 231/845) war der Lehrer al-Bukharis und Muslims. Abd Allah ibn Maslama al-Qanabi (st. 221/836 in Mekka) und Yahya ibn Yahya (st. 226/841 in Nisapur), welcher die Traditionen zu einer Rezension des Muwatta zusammenstellte, waren im östlichen Teil der islamischen Welt tätig. Zu den Schülern, die ihre Lebenszeit in Ägypten verbrachten, zählten Abd ar-Rahman ibn al-Qasim (st. 191/807), der als der vertrauenswürdigste Überliefer der juristischen Grundsätze seines Lehrers gilt. Dieser wurde in

Ägypten geboren und reiste nach Medina, um bei Malik ibn Anas zu studieren. Yahya ibn Yahya al-Laythi (st. 234/849) aus Cordoba trug zur Etablierung des Muwatta in Andalusien bei. Dieser reiste im Todesjahr des Imam nach Medina, nahm er an dessen Beerdigung teil und hörte einige Kapitel des Muwatta.

Der malikitische Ray und der Konsens

Da Malik ibn Anas den Überlieferungen seinen Ray hinzugefügt hatte, kommt dem Muwatta nicht der gleiche Stellenwert zu wie den sechs Sammlungen der anerkannten Tradenten, so dass dieser nur im Fall der Kongruenz Bindungswirkung entfaltet. An-Nimr sieht das Werk mit dieser Einschränkung als Hadith-Sammlung und aufgrund seiner über die bloße Überlieferung hinausgehenden systematisierenden Anlage zugleich als Rechtsbuch an.

Der Rückgriff auf die Rechtsquellen richtet sich nach einer Rangordnung, die darin besteht, dass auf die Sunna zurückgegriffen wird, falls der Quran keine Regelung enthält. Die Gelehrten stützen sich auf die Sunna, wenn es der Definition einer Regelung dient, die nicht im Quran erwähnt wird oder die der Erläuterung bedarf. Der Ray der Autoritäten unter den Rechtsgelehrten wird zu Rate gezogen, sofern eine Anordnung in der Sunna nicht aufgefunden wird. Er ist die Basis des Igma, der beinhaltet, dass eine Mehrheit von Rechtsgelehrten existiert, die diese Rechtsansicht vertritt.

Der Kadi Iyad stellt zwei Arten des medinensischen Igma dar. Die erste Form leitet sich direkt vom Handeln oder den Worten des Propheten ab. Hierzu zählen beispielsweise die

Maßeinheiten, die im Rahmen der Steuer eine Rolle spielen. Die zweite Form beruht auf der Rechtsfortbildung. Die fehlerfreie Nachricht wird zurückgewiesen, sofern sie mit dem Igma nicht übereinstimmt oder dieser ihr sogar widerspricht.

Malik ibn Anas stützt sich auf den Konsens der Ahl al-Madina, die Lehrsätze und die Fatawa des Abd Allah ibn Umar ibn al-Khattab und die Theorien der im Folgenden dargestellten sieben medinensischen Rechtsgelehrten, deren Forschung auf dem Gebiet der Hadith-Wissenschaft als bedeutend angesehen wurde. Said ibn al-Musayyab al-Mahzumi (st. 94/712 in Medina), der von den Quraysh abstammte, überlieferte bereits von den Prophetengefährten und erhielt aufgrund seiner Errungenschaften auf dem Gebiet des Tafsir, der Traditionen und des Fiqh den Beinamen Sayyid at-Tabiyin. Sulayman ibn Yasar al-Hilali war der Mawla einer Frau des Propheten, die von Aisha und anderen der Sahaba tradierte. Umar ibn Abd al-Aziz ibn Marwan ibn al-Hakam (st. 101/720), dessen Mutter die Enkeltochter des rechtgeleiteten Kalifen Umar ibn al-Khattab war, regierte als fünfter umayyadischer Herrscher. Des Weiteren zählen Urwa ibn Qasim, Salim ibn Abd Allah, Abu Salama und Abu Bakr ibn Muhammad ibn Hazm zu den sieben medinensischen Rechtsgelehrten.

Kommentarliteratur zum Mukhtasar des Khalil ibn Ishaq

Bei Khalil ibn Ishaq (st. 776/1374 in Kairo) handelt es sich um einen malikitischen Rechtsgelehrten und Mufti, der in Kairo studierte und lehrte. Er erhielt den Ehrentitel Abu Diya ad-Din und führte den Beinamen al-Gundi. Das Verfassen von Kommentaren und Superkommentaren galt einerseits nicht als ungewöhnlich, deutete jedoch zugleich den hohen Bekanntheitsgrad und die überdurchschnittliche Wertschätzung an, die den zugrunde liegenden Werken zuteil wurde. Als Beispiel für das weitreichende Netz der Beziehungen unter den Abhandlungen dient der „Mukhtasar Khalil fi-al-Fiqh" des Khalil ibn Ishaq. Dieses Werk, das teilweise als gleichrangig mit dem Muwatta und der Mudawwana angesehen wird, wurde in der Originalversion überliefert und mehrfach übersetzt. Die erste Übertragung mit dem Titel „Précis de jurisprudence musulmane ou Principes de législation musulmane civile et religieuse selon le droite malékite" stammt von Richebém. Es schließt sich eine unvollständige Auflistung bedeutsamer Kommentare zum Mukhtasar an:

Muhammad ibn Ahmad Illaysh, ein ägyptischer Mufti (st. 1299/1882), Minhag al-Khalil

Abd al-Baqi az-Zurqani (st. 1099/1688 in Kairo), Sharh az-Zurqani ala Mukhtasar Khalil

Yahya ibn Musa ar-Rahuni (st. 775/1374) verfasste den Superkommentar Hashiya ar-Rahuni ala sharh az-Zurqani li-Muhtasar Khalil

Muhammad ibn Abd Allah al-Kharashi (st. 1101/1689), Hashiya al-Kharashi ala Muhtasar Khalil

Ali ibn Ahmad al-Adawi (1119/1707) ist der Autor des Superkommentars zum Werk al-Kharashis

Al-Abayy al-Azhari Gawahir al-iklil sharh Muhtasar al-Khalil

Muhammad ibn Muhammad al-Khattab (st. 953/1546), Kitab Mawahib al-Khalil fi sharh Muhtasar al-Khalil

Ahmad ibn Muhammad ad-Dardir, Sharh al-mukhtasir ala al-Mukhtasar

Abd ar-Rahman ibn Ali al-Ughuri (st. 1066/1656), Gawahir al-Khalil

Abu Abd Allah al-Bannani (st. 1194/1780), Kommentar al-Fath ar-rabbani

Ahmad ibn Muhammad ad-Dardir

Ahmad ibn Muhammad ibn Ahmad al-Maliki al-Azhari (1128/1715 - 1201/1787), der unter dem Namen ad-Dardir bekannt war, wurde in Ägypten geboren, wo er seine Lebenszeit verbrachte. Sein Vater, der Scheich Muhammad, zählte zu den Gelehrten und kannte wie sein Sohn den Quran auswendig. Ad-Dardir widmete sich dem Studium der Jurisprudenz und besonders der malikitischen Rechtsschule sowie der klassischen arabischen Hochsprache. Es ist unbestritten, dass der Gelehrte zur Erforschung und Lehre der malikitischen Rechtswissenschaft in Ägypten in bedeutendem Maße beigetragen hat.

Der große Kommentar ad-Dardirs stellt überwiegend eine eigenständige Monographie dar sowie eine Erläuterung zum Kompendium Khalil ibn Ishaqs, dem Muhtasar, der handbuchartig die wichtigsten Fragestellungen zur malikitischen Rechtsschule erörtert. Er beruht auf Auszügen aus den Kommentaren al-Ughuris und az-Zurqanis zum Mukhtasar und enthält eine Zusammenstellung wichtiger juristischer Fragestellungen. Muhammad ibn Ahmad ibn Arafa ad-Dasuqi (st. 1230/1815 in Kairo) kommentierte den selbständigen Großen Kommentar ad-Dardirs, „Al-Hashiya ala sharh al-kabir al-allama ad-Dardir ala Mukhtasar al-imam Khalil". Der Kleine Kommentar ad-Dardirs beinhaltet einen Superkommentar zum Mukhtasar Khalils. Er ist als Lehrbuch für Studenten zu Beginn des Studiums geeignet, da die Sachverhalte didaktisch aufbereitet werden, und wird durch den Superkommentar as-Sawi al-Malikis erläutert.

Scheich Ahmad ibn Muhammad as-Sawi al-Maliki

Der Name des bei den Gelehrten als Ahmad ibn Muhammad as-Sawi al-Maliki (1175/1761 - 1241/1825) bekannten Scheichs lautete Ahmad ibn Muhammad al-Halwati al-Maliki. Er wurde im Jahre 1175/1761 in einem Dorf Westägyptens geboren, in dem er aufwuchs und studierte. Er lernte den Quran auswendig und widmete sich der malikitischen Jurisprudenz, deren Kenntnis ihm unter anderem von ad-Dardir vermittelt wurde. Nachdem er sich nach Medina begeben hatte, wo er starb, spezialisierte er sich auf die Hadith-Wissenschaft und auf die Lehre.

Das aus dem 18. Jahrhundert stammende Werk „Bulghat as-salik li-aqrab al-masalik ila madhab al-imam Malik" erläutert den Kommentar „Ash-Sharh as-saghir" von Ahmad ibn Muhammad ad-Dardir, indem er in Klammern Textausschnitte aus dem kommentierten Werk wiederholt. Die „Hashiya assawiyya ala Tafsir al-Galalayn" (Beirut 1995) beinhaltet einen Kommentar zum Werk as-Suyutis und Muhammad ibn Ahmad al-Mahallis.

Exemplarische Analyse verschiedener Textstellen

In der Analyse werden verschiedene Regelungen der Mudawwana Sahnuns, der Risala Ibn Abi Zayds, des Mukhtasar Khalils, des Kleinen Kommentars ad-Dardirs und des Superkommentars as-Sawis inhaltlich und systematisch auf die primären Rechtsquellen, den Quran und die Sunna sowie auf den Ray des Basiswerks, des Muwatta, der das einzige erhaltene Werk des Malik ibn Anas darstellt, zurückgeführt. Hierbei wird nicht die umfassende Betrachtung eines Themas angestrebt, sondern es erfolgt die exemplarische Untersuchung vergleichbarer Vorschriften. Die Darstellung der Furu der Zakat und der Salat am Beispiel der ausgewählten Spezialfragen veranschaulicht die technische Verfahrensweise der Ableitung und Bezugnahme innerhalb einer Auswahl der malikitischen Kommentarliteratur mit dem Schwerpunkt des Mukhtasar. Die Rückführung auf die Rechtsquellen der Sharia, den Quran und die Sunna, besitzt eine sekundäre Bedeutung im Verhältnis zur Analyse der Bezüge innerhalb des malikitischen Ray. Aufgrund der Beschränkung der Betrachtung auf die Kommentare ad-Dardirs, as-Sawis, die Ausführungen Khalils, Ibn Abi Zayds, Sahnuns und anderer islamischer Juristen, die von diesen erwähnt wurden, wurde die Übertragbarkeit der Erkenntnisse nicht bewiesen.

Mängel des rituellen Gebetes

Am Beispiel der Mängel des rituellen Gebetes werden die Furu und die Pflichtenlehre dargestellt.

Die Pflichtenlehre

Ad-Dardir formuliert die Shurut, die Voraussetzungen für die Entstehung der Pflicht, die auf dem Quran, der Sunna oder dem Konsens beruhen kann. Es existieren drei Kategorien von Bedingungen, die sich entweder auf die Pflicht oder auf die Regelkonformität oder auf beide zugleich beziehen. Das Fehlen der Bedingungen der Pflicht, der Regelkonformität oder beider zugleich bedingt zwingend die Nichtentstehung der Pflicht. Im Falle des Vorliegens der Bedingung lassen sich keine Aussagen über die Entstehung oder die Nichtentstehung der Pflicht, der Regelkonformität oder beider zugleich treffen. Im Falle des Vorliegens der Bedingung und der gleichzeitigen Existenz einer Untersagung, beispielsweise des Nasenblutens, ist ad-Dardir zufolge die Entstehung der Pflicht ausgeschlossen. Die Pflicht gelangt lediglich in dem Fall zur Entstehung, dass die drei Anforderungen - das Fehlen der Verbote und das Vorliegen der Bedingungen und Voraussetzungen erfüllt sind. Die Hingabe an Allah taala, die verstandesgemäße Betätigung sowie die Tahara stellen Beispiele für die Bedingung dar. Khalil zufolge stellt die Prosternation eine Bedingung für die Regelkonformität des Gebetes dar. Die beiden Formen der rituellen Reinheit sind als Konditionen für die Entstehung der Pflicht der Salat anzusehen. Zu den Bedingungen des Freitagsgebetes zählt die Verrichtung im Rahmen der Predigt, die zur Zeit des Mittagsgebetes in der Moschee stattfindet. Die

Voraussetzung, der Sabab, bezieht sich hingegen auf die Vorstufe der Bedingung.

Der Imam Zaqqaq (st. 912/1506), der in Fes und Granada studierte, legt die Lehre von den Bedingungen bereits in seinem Werk „Manhag al-muntahab fi qawaid madhab al-imam Malik", zugrunde. Der Kommentar zu dieser Abhandlung von Ahmad ibn Ali al-Mansur (st. 975/1567), Sharh Manhag al-muntahab, greift diese Theorie auf. Die Zusammenfassung der Erläuterung von Abu al-Qasim Tauwati mit dem Titel „Isaf bi-at-talab unterscheidet Bedingungen der Ausführung, die mit den bei ad-Dardir als Konditionen der Regelkonformität bezeichneten übereinstimmen und solche der Pflicht an sich. Der zur Steuer verpflichtende Mindestbesitz stellt eine Bedingung dar, welche die Verrichtung betrifft. Die Rechtsfolge seines Nichtvorhandenseins ist innerhalb der malikitischen Rechtsschule nicht eindeutig geklärt. Nach Ansicht Tauwatis bleibt die Pflicht im Falle der nicht erfüllten Bedingung der Ausführung bestehen. Handelte es sich hingegen um eine Kondition der Pflicht, so entfiele diese unzweifelhaft.

Die Pflichtentstehung setzt voraus, dass die Bedingungen der Regelkonformität, der Pflicht an sich und der Konditionen, die beide Kategorien umfassen - die Hingabe an Allah, die verstandesgemäße Betätigung sowie die Tahara - erfüllt sind und die Voraussetzung, der Sabab in Form des Eintritts des Zeitpunktes gegeben ist. Eine Untersagung, beispielsweise das Vorliegen eines Nasenblutens, darf nicht existieren. Liegt ein physisches Hindernis, beispielsweise der Krieg, eine Verletzung oder eine Krankheit vor, welche die pflichtgemäße

Ausführung des Gebetes unmöglich macht, besteht die Pflicht in reduziertem Umfang fort. Der Zwang zur Unterlassung, beispielsweise infolge einer Krankheit, der ad-Dardir zufolge zu den Bedingungen zählt, begründet eine, wenn auch eingeschränkte Pflicht, die einen äußeren und einen inneren Tatbestand voraussetzt. Dem Randkommentar des „Asl" zufolge handelt es sich dennoch um eine Bedingung, während as-Sawi wie al-Qarawi annimmt, dass die Kondition nicht vorliege, da diese nur das äußere Verhalten voraussetze.

Das Vergessen

Ob das Gebet des Imam, der, wie Ibn Abi Zayd darstellt, mit anderen betet, ohne die Funktion des Vorbetenden zu übernehmen, zu dem Gebet des Einzelnen oder zum Gebet mit dem Imam zählt, ist eine Frage der Auslegung.

Das Vergessen im Falle des Einzelgebetes

Wer die Verrichtung eines oder mehrerer Gebete vergisst und dies bemerkt, bevor die Zeit des Morgengebetes angebrochen ist, soll vor diesem alle Gebete nachträglich verrichten. Erinnert sich die Person erst nach dem Morgengebet, so soll sie zunächst mit diesem beginnen und daraufhin die übrigen ausführen. Erinnert sich jemand, der das Morgen- und das Mittagsgebet nicht verrichtet hat, nachdem die Gebetszeit für das spätere fast vergangen ist, so beginne er mit dem frühen Gebet. Es schadet nicht, dass danach die Zeit für das noch auszuführende Mittagsgebet vergangen ist. Genauso verhalte er sich, wenn er das Mittags- und das Nachmittaggebet vergisst und sich erst zum Ende des Nachmittaggebetes daran erinnert. Wiederum beginne er mit dem früheren Gebet und verrichte das spätere nach Ablauf der Zeit. Das Prinzip der Reihenfolge der Gebete ist auch in dem Fall einzuhalten, dass jemand das Abend- und das Nachtgebet vergisst und sich erst bei Anbruch der Morgendämmerung erinnert. Bricht diese bereits nach der Ausübung des ersten Gebetes heran, so soll er das Abendgebet verrichten und das Nacht- und Frühgebet folgen lassen.

Das Vergessen im Falle der Salat mit dem Imam

Das Vorbild des Imam vereinheitlicht die Gebetsabläufe des rituellen Gebetes. Vergisst dieser einen Teil des Gebetes, so soll der Gläubige diese Abschnitte grundsätzlich nicht eigenständig ausführen, sondern sich im Rahmen der Fortführung des Gebetes an dessen Beispiel orientieren.

Der Muwatta enthält die Regelung, dass der Gläubige, der bei der Verrichtung des Gebetes nach dem Sich-Niederbeugen oder im Anschluss an die Prosternation den Kopf vor dem Imam erhebt oder senkt, zu diesen beiden Abschnitten zurückkehren und den Kopf zeitgleich mit dem Vorbeter erheben soll. Es wäre nicht richtig, mit erhobenem Kopf zu warten, während sich der Imam noch in gebeugter Haltung befindet. Ibn Abi Zayd wiederholt diese Vorschrift des Muwatta in eigenen Worten.

Die Mudawwana Sahnuns gibt im Kapitel „Über den, der dem Beispiel des Imam aus Unachtsamkeit nicht folgt und über die Anrufung Allahs, die er während der Rumpfbeuge als verwerflich ansieht" den Ray Ibn al-Qasims wieder. Weicht jemand während der ersten Einheit bei der Verrichtung der Prosternation vom Vorgebeten ab und bemerkt es, bevor er seinen Kopf erhoben hat, so soll er sich mit dem Imam niederwerfen und diese Einheit so abändern, dass er sie zugleich mit dem Imam ausführt. Vermeidet der Betende den Fehler bei den folgenden drei Einheiten, so seien diese fehlerfrei.

In der Risala wird dargestellt, dass der Gläubige die Abschnitte, die der Imam vergaß, nicht ausführen und sich im Rahmen der Fortführung des Gebetes an dessen Beispiel orientieren solle. Ibn Abi Zayd schränkt diese Aussage ein und stellt dar, dass das zuvor Gesagte hinsichtlich des Niederbeugens, der Prosternation, des Aussprechens der Formel „Allahu akbar", des Weihezustandes, des Grußes und der inneren Überzeugung keine Geltung beanspruche.

Khalil unterscheidet wie Ibn Abi Zayd konstitutive und dispositive Eigenschaften der Pflicht. Wird das Freitagsgebet in der Moschee gegenüber dem in der Sunna Vorgeschriebenen verkürzt oder verlängert, beispielsweise durch zwei Prosternationen vor dem Gruß, so soll man Khalil zufolge das Glaubensbekenntnis im Rahmen eines gebotenen Gebetes, das sich der Salat anschließt, wiederholen und die Sure al-Fatiha pflichtgemäß auslassen. Der Herausgeber merkt hinsichtlich des Begriffes „pflichtgemäß" an, dass sich das Gebot des Nichtverrichtens entgegen der Darstellung Khalils auf das Niederwerfen, nicht hingegen auf die Rezitation des Quran beziehe, da diese lediglich erwünscht sei, jedoch keinen Zwang begründe.

Vergisst der Betende dem kleinen Kommentar ad-Dardirs zufolge das Sich-Niederbeugen und das Sich-Erheben nach dem „Allahu akbar", so soll er dieses pflichtgemäß nicht ausführen und sofort mit dem Vorbeter zur Prosternation übergehen. Im Falle des Vergessens der Prosternation und des Salam soll der Betende beide nach dem Gruß ausführen. Ad-Dardir erläutert, dass das Vergessen von Teilen des Gebetes zwischen dem ersten „Allahu akbar" und dem Sich-Niederbeugen dazu führt, dass anstelle zweier Rakaat eine Prosternation verrichtet wird. Es ist in diesem Fall ausreichend, wenn die Gebetseinheit wiederholt wird, da das Gebet im Gegensatz zum Fall des vorsätzlichen Auslassens nicht vollständig nichtig ist. Vergisst der Betende, sich nach dem Gruß zu beugen und zu erheben, so soll er das Gebet wie im Falle des Vergessens der Prosternation zur Bestätigung wiederholen. Vergisst er die Ruhephase bei der Verrichtung mindestens zweier Einheiten im Verlaufe des Gebetes mit dem Imam, so soll er diese pflichtgemäß auslassen und sich sofort gemeinsam mit dem Imam niederwerfen. Die Rechtsfolge des Vergessens besteht in der bestätigenden Wiederholung des Gebetes.

Weicht der Gläubige, der nicht beabsichtigt, seine Pflicht zu erfüllen, vorsätzlich vom Vorbild des Imam ab, so handelt es sich nicht um einen Fall des Vergessens. Beugt und erhebt sich jemand nach dem Gruß absichtlich nicht, so ist sein Gebet analog zur Ausführung Khalils nichtig. Der Muwatta beschränkt sich auf die Darstellung der Regelungen des Zweifels oder des Vergessens, ohne den Vorsatz zu berücksichtigen.

As-Sawi erläutert den Zusammenhang zwischen dem Vergessen und dem Lohn, der mit der fehlerfreien Verrichtung einer Gebetseinheit verknüpft sei. Der Muwatta gibt lediglich die Vorschrift wieder, derzufolge das gemeinsame Gebet das des Einzelnen um 27 Anteile übertrefe, während eine weitere Überlieferung die Zahl 25 erwähnt. Hafid ibn Rushd, der befürwortet, dass eine Rechtfertigung zur Gültigkeit der unvollständigen Einheit führt, übersieht der Ansicht as-Sawis nach, dass eine mangelhafte Ausführung - wie Abu al-Hasan im Kommentar zur Risala darstelle - keinen Lohn nach sich ziehe. Aus diesem Grund sei die Wiederholung des Gebetes im Fall der Entschuldigung erforderlich, damit sich dieses als verdienstvoll erweise. Der Autor führt einen anderen Rechtsgelehrten an, demzufolge die Ansicht Khafid ibn Rushds eindeutig gegen den Ray der malikitischen Tradition verstoße. Wer die Verrichtung der Einheit fortsetzt, soll dies vor dem Gruß des Imam tun. Vergisst der Betende die Prosternation und den Salam, soll er beide nach dem Gruß ausführen. Hierbei ist jedoch fraglich, ob er den Lohn in gleicher Weise erhält, wie jemand, der das Gebet fehlerfrei verrichtet. Während Ibn al-Qasim dies verneint, bejaht Ashhab diese Frage. Die Ausführungen as-Sawis zum Vergessen der Prosternation und des Grußes beziehen sich auf die Erörterung ad-Dardirs, die besagt, dass es nicht möglich ist, die Gebetseinheit nach dem Gruß des Imam ohne Konsequenzen fortzusetzen, sondern dass eine Wiederholung des Gebetes erforderlich ist.

Die Vorschriften der Kommentare können auf dem Wege der Paraphrasierung, des Qiyas oder des Umkehrschlusses, der die Form des Erst-Recht-Schlusses besitzen kann, mit den Basiswerken verbunden werden, um eine Kasuistik zu erläutern, die sich am Ziel der Vereinheitlichung der Gebetsabläufe orientiert.

Die Zakat

Die Betrachtung der Zakat verdeutlicht die Komplexität der islamischen Grundsätze, die zugleich eine religiöse, eine juristische, eine ethische und eine ökonomische Bedeutung besitzen. Die Darstellung der Furu berücksichtigt die Güterbetrachtung, den Nisab und die Besonderheiten der Steuerpflicht im Falle des Bestehens einer privaten Verbindlichkeit.

Das Zinsverbot

Mahmud Shaltut erläutert die beiden Theorien zum Zinsverbot, die auf einem ethischen Element – dem Almosen – und einem ökonomischen Element – der Steuer - basieren. Die ethische Betrachtung ist an der Bildung einer kooperierenden Gemeinschaft interessiert, in der eine gerechte Güterverteilung die Interessen der Bedürftigen berücksichtigt und das Sozialverhalten des Menschen gefördert wird, indem die Abgaben in der Staatskasse gesammelt und an die Bedürftigen ausgezahlt werden.

Das Zinsverbot wird im Quran dargelegt:

Al-baqara: 275 <Diejenigen, die Zins nehmen, existieren nur so, wie der, den der Teufel mit seinem Kontakt schlägt.>

Al-baqara: 278 <Oh ihr Gläubigen, fürchtet Allah und verteilt, was an Zins übrig ist, wenn ihr Gläubige seid.>

Ar-Razi führt aus, dass der Zins verboten sei, da er den Menschen von der erwerbswirtschaftlichen Betätigung abhielte. Dem Kreditgeber würde der Erwerb des Lebensunterhaltes so sehr erleichtert, so dass es ihm kaum möglich sei, die beschwerliche Mühe der Erwerbstätigkeit, des Handels, der Baukunst und der Produktion zu erfahren, durch welche die Interessen der Welt gewahrt würden.

Der Imam al-Ghazali legt im „Kitab as-sabr wa-ash-shukr" dar, dass die Dirhams und Dinare nicht infolge ihres eigenen Gold- und Silberwertes, sondern aufgrund ihrer Funktion als Werteinheit und als Medium des Austausches bedeutend seien. Als Beispiel für die Wertermittlung führt er den Fall an, dass A über Safran verfüge und Kamele benötige, während B beide besäße. Der Wert der Waren, deren Gewicht unterschiedlich bemessen wird, wird bei diesem Tauschgeschäft geschätzt, wobei die Währung als abstrakte Maßeinheit dient. Fungiert das Geld als Medium des Austausches, so ist der Erwerb im Gegensatz zum Tauschgeschäft von dem konkreten Gegenstand losgelöst. Besitzt jemand ausschließlich Stoffe und benötigt Lebensmittel, so kann er diese mittels des Geldes bezahlen, ohne gleichzeitig seine Produkte als Gegenleistung anbieten zu müssen. Das Ansparen der Dirhams und Dinare, deren Funktion ausschließlich im Umlauf gewahrt wird, wird ihrer Funktion nicht gerecht. Dies legt der Quran in der im Folgenden aufgeführten Sure dar.

At-tauba: 34 <Verkünde denjenigen, die das Gold und Silber anhäufen und es nicht auf dem Weg Allahs spenden, eine schmerzhafte Strafe.>

In der Sure al-baqara: 275 wird der Grundstein für die Organisation der islamischen Banken, die gewinn- statt zinsorientiert ist, gelegt. Der Zins ist im Gegensatz zum unternehmerischen Erwerb stets im Voraus determiniert und kann keine negative, sondern lediglich eine geringe Größe sein. Während die Hauptfunktion eines nicht islamischen Kreditinstituts darin besteht, Darlehen zu vergeben, verfolgt die islamische Bank das Ziel, die Zakat zu verwalten und dem Zinsverbot und dem Handelspostulat gerecht zu werden.

Al-baqara: 275 <Allah gestattete den Verkauf und verbot den Zins.>

Die Bedingungen der Zakat

Al-baqara: 276 <Allah verbietet den Zins und erhöht die Almosensteuer, denn Allah liebt keine sündigen Ungläubigen.>

Diese Sure korreliert das Abgabengebot mit dem Zinsverbot. Beide Anweisungen reflektieren die von Mahmud Shaltut hinsichtlich des Zinsverbotes dargestellte Teilung in einen ethischen Aspekt - die sittliche Bildung des Menschen infolge der Leistung des Almosens - und in einen ökonomischen Gesichtspunkt - die Steuerzahlung für das Gemeinwohl. Bezüglich der moralischen Komponente führt er aus, dass die Spende des Besitzenden und des Bedürftigen in gleicher Weise bedeutsam sei. Der Wohlhabende bewiese, dass er trotz des Übermaßes an Gütern wohltätig geblieben sei, während der Notleidende seinen altruistischen Charakter bewahre.

Al-hashr: 9 <Und sie bevorzugen sie vor sich selbst, auch wenn sie arm sind. Wer vor seiner Habsucht bewahrt wird, gehört zu den Glücklichen.>

Al-baqara: 262 <Das Vorbild derer, die ihr Vermögen in der von Allah gebilligten Weise spenden, gleicht einem Korn, welches sieben Ähren wachsen lässt, wobei sich in jeder Ähre 100 Körner befinden. Allah vervielfältigt diese, für den, den er wählt, denn Allah ist umfassend und allwissend.>

Al-baqara: 271 <Spendet ihr das Almosen offen, so ist es eine gute Tat. Spendet ihr es dem Armen im Verborgenen, so ist es besser für euch und sühnt eure Sünden. Allah kennt eure Taten.>

Einigkeit hinsichtlich der Furu der Zakat besteht darin, dass Edelmetalle, Getreide und Vieh grundsätzlich abgabenpflichtig sind.

Dem Muwatta des Malik ibn Anas zufolge zählen hinsichtlich der Edelmetalle Gold und Silber und hinsichtlich des Viehs Kamele, Kühe, Schafe und Ziegen zu den Gütern, die zu versteuern sind. Abgabenpflichtig sind hinsichtlich der Früchte frische Weintrauben, frische und getrocknete Datteln, Rosinen, Oliven und Olivenöl. Hinsichtlich der Körner sind Weizen, Gerste, Mais, Hirse, Reis, Kichererbsen, Sesam und bezüglich der Hülsenfrüchte Bohnen, Erbsen und Linsen zu entrichten. Die Abgabenpflicht bezieht sich ferner auf den Erlös aus dem Waren- oder Erbschaftsverkauf sowie auf Mineralien und Bodenschätze. Hinsichtlich des Viehs erwähnt der Muwatta das Alter von zwei bis fünf Jahren als positive Voraussetzung. Zum nicht zu versteuernden Vermögen zählen hinsichtlich der Kategorie des Viehs Lämmer und Pferde. Von der Abgabenpflicht ausgenommen sind ferner hinsichtlich der Früchte Obst, Kräuter, Gurken, Pfirsiche, Feigen, Granatäpfel, Honig und hinsichtlich der Edelsteine der Schmuck, der nicht aus Gold und Silber besteht sowie Perlen, einige Parfümarten, Schätze und Erbschaften.

Die Mudawwana Sahnuns fügt Sesam- und Rübenöl sowie den Erlös aus dem Verkauf eines Almosens oder eines Geschenkes zum abgabenpflichtigen Vermögen hinzu. Die Einzelregelungen bezüglich des Mindestalters der Tiere fasst Ibn Abi Zayd wie Sahnun mit dem Kriterium des Erwachsenenalters zusammen. Bezüglich der Edelsteine und des Schmuckes gibt Sahnun die Ansicht einiger Tradenten wieder, derzufolge von Malik ibn Anas überliefert wird, dass diese zu einem Fünftel zu versteuern seien. Zum Vermögen, das nicht der Abgabenpflicht unterliegt, zählen generell Jungtiere, Mandeln und Nüsse, Trockenobst, der Erlös aus dem Verkauf von Obst, Saphire, Kupfer, Waren zum Verkauf, das Almosen und das Geschenk. Wie Ibn Abi Zayd erwähnt Sahnun im Gegensatz zu Malik ibn Anas die Einbeziehung des Büffels.

Abu al-Qasim Tauwati legt in „Isaf bi-at-Talab" dar, dass der zur Steuer verpflichtende Mindestbesitz eine Bedingung, welche die Verrichtung betrifft, darstellt. Nach Ansicht Tauwatis bleibt die Pflicht im Falle der nicht erfüllten Bedingung der Ausführung bestehen. Handelte es sich hingegen um eine Bedingung der Pflicht, so entfiele diese unzweifelhaft.

Die sich anschließenden Ausführungen beziehen sich auf Einzelfragen hinsichtlich der Zakat im Falle einer bestehenden Schuld.

Die einjährige Besitzzeit im Falle des Gewinns richtet sich nach dem Gewahrsam an der Basis, die in einer Schuld bestehen kann. Leiht sich jemand 20 Dinare und kauft davon im Monat Muharram Waren, die er für 50 Dinare wieder verkauft, so dass der Verdienst 30 beträgt, so ist für die Berechnung der 354-tägigen Besitzzeit der Monat, in dem die Verbindlichkeit entstanden ist, bedeutsam. Die als Kredit aufgenommenen 20 Dinare werden ausschließlich besteuert, sofern der Darlehensnehmer dafür ein Surrogat erhalten hat.

Malik ibn Anas, Khalil ibn Ishaq und Ibn Abi Zayd zufolge muss derjenige, der ein zu versteuerndes Vermögen besitzt, dem eine Schuld gleichen Umfanges gegenübersteht, die Steuer nicht entrichten, damit vermieden wird, dass der Schuldner infolge der Zahlung zum Bedürftigen wird, dem der Staat das Geleistete wieder erstattet. Das Kapitel Zakat des Muwatta über die Leistung der Steuer im Falle einer Schuld legt die allgemeine Vorschrift dar, die besagt, dass derjenige, dem zum Zeitpunkt der Fälligkeit der Steuer die Begleichung einer Verbindlichkeit obliegt, die privatrechtliche Forderung zuerst tilgen soll. Reicht das Vermögen eines Schuldners nicht gleichzeitig zur Bezahlung der Verbindlichkeit und der Abgabe aus, ist die Tilgung gegenüber dem Gläubiger als vorrangig zu betrachten. Malik ibn Anas zufolge ist die anteilige Tilgung beider Verbindlichkeiten ausgeschlossen. Andere schränken diesen Gedanken ein und befürworten, dass der Betrag nicht geteilt wird, sofern der Schuldner ihn umgehend erstattet. Zahlte er hingegen zu einem späteren Zeitpunkt, so wäre das anteilige Tilgen der Steuerschuld und der privaten Verbindlichkeit obligatorisch. As-Sawi führt aus, dass im Fall der freiwilligen Leistung des Zahlungsfähigen vier Ansichten zur Teilung existierten.

Der Gläubiger, der eine Leistung infolge der Tilgung einer Schuld erwirbt, soll diese für die Bezahlung der Zakat aufwenden. Der Begünstigte einer erst nach Jahren beglichenen Schuld soll die Steuer lediglich für einen Zeitraum von 354 Tagen entrichten, sobald er den Betrag erhalten hat. Hat ein Schuldner zu verkaufende Güter mehrere Jahre in seinem Besitz, so soll er von ihrem Erlös ausschließlich einmalig die Steuer entrichten.

Khalil ibn Ishaq zufolge muss der Schuldner, der einen kommerziellen Gewinn im Umfang des Mindestbesitzes erzielt, die Zakat auch in dem Fall entrichten, dass er einen Kredit für den Kauf der Ware aufgenommen hat. Die Abgabe an den Staat wird jedoch nicht gefordert, wenn eine Verbindlichkeit existiert, für die der übrige Besitz kein Äquivalent darstellt. Führte ein Vergehen, beispielsweise der Kauf verbotener Waren, zur Bedürftigkeit, kann die Spende im Fall der Reue ausgezahlt werden.

Die Risala Ibn Abi Zayds besagt, dass der Verpflichtete, der Eigentümer nicht zu entrichtender Güter, beispielsweise von Jungtieren, ist, das übrige Eigentum, das ihm zur Verfügung steht, als Abgabe leisten muss. Ist dieses nicht ausreichend, um die Schuld zu begleichen, bleibt die

Verbindlichkeit bestehen. Erwirbt er später zu versteuernde Vermögensgegenstände, so muss er diese entrichten.

As-Sawi führt hinsichtlich der Auszahlung der Steuer aus, dass der verschuldete Solvente kein Almosen aus der Staatskasse erhält. Im kleinen Kommentar legt ad-Dardir dar, dass die ausgezahlte Spende aus der Staatskasse zur Begleichung einer bestehenden Schuld dient. Stirbt der Darlehensnehmer, so ist das Almosen zu entrichten, sofern keine Erbschaft hinterlassen wurde. Balaw zufolge besteht keine Verpflichtung zur Entrichtung der Summe aus der Staatskasse, da es dem Darlehensnehmer selbst obliegt, für Sicherheiten zu sorgen. Eine Einschränkung gilt für den Fall, dass die Verbindlichkeit lasterhaft zustande gekommen ist. Dies ist der Fall, sofern sie beispielsweise infolge eines Vergehens aufgrund des Weingenusses, des Glücksspiels, des Kaufs verbotener Waren oder entsprechend der Absicht begründet wird. Der Vorsatz liegt vor, sofern die Verbindlichkeit mit dem Ziel eingegangen wird, das Almosen in Anspruch zu nehmen. Ad-Dardir unterscheidet drei Fallgestaltungen, zu denen die Absicht des Wohlhabenden, der Vorsatz des Bedürftigen und die illegale Handlung zählen. In den beiden zuletzt angeführten Situationen führt die Buße zum Wegfall der Einschränkung hinsichtlich der Auszahlung, während sie im Fall des Solventen unerheblich ist. Bereut der Bedürftige die Tat, ist die Auszahlung der Spende möglich. Die Buße ist generell unbeachtlich, wenn sie nur als Vorwand dient, um das Almosen zu erhalten. Während ad-Dardir annimmt, dass die Reue in den Fällen des Vergehens sowie der Absicht erheblich sei und die Zahlungsverpflichtung des Staates gegenüber dem Schuldner nicht einschränke, vertritt

Bahram, dass die Reue nur im Falle der Illegalität Bedeutung besitze, da das vorsätzliche Herbeiführen der Bedürftigkeit nicht untersagt sei. Ad-Dardir zufolge ist das verschwenderische Verhalten des Verpflichteten jedoch nicht gestattet.

Die Darstellung der Furu der Zakat und der Salat veranschaulicht die technischen Verfahrensweisen der Ableitung und Bezugnahme im Rahmen einer Auswahl der malikitischen Kommentarliteratur. Die Entwicklung des Ray im Laufe der islamischen Rechtsgeschichte ist durch die Ambivalenz zwischen der Flexibilität des Rechts, welche die Anpassung an die modernen Lebensumstände gewährleistet und dem Überfluss an vom konkreten Fall abstrahierten Regelungen im rechtstheoretischen Erkenntnisinteresse der Wissenschaft gekennzeichnet.

Einigkeit besteht darin, dass Edelmetalle, Getreide und Vieh grundsätzlich als Zakat zu entrichten sind.

Der Vergleich zwischen der Auflistung des Muwatta und der Risala verdeutlicht einige Unterschiede bezüglich der zu versteuernden Güter. Das Geschenk ist bei Malik ibn Anas nicht erwähnt und das Öl, hinsichtlich dessen drei Sorten unterschieden werden, stellt eine eigene Gattung dar. Die Einzelregelungen bezüglich des Mindestalters der Tiere fasst Ibn Abi Zayd mit dem Kriterium des Erwachsenalters zusammen. Diese Regelung steht im Verhältnis des Umkehrschlusses zum Muwatta, der das Alter von zwei bis fünf Jahren als positive Voraussetzung erwähnt.

Die im Mukhtasar Khalils, im Kleinen Kommentar ad-Dardirs und im Werk as-Sawis angeführten Güter weisen zu den bereits erwähnten lediglich leichte Unterschiede auf, so dass die Güterbesteuerung im Laufe der Jahrhunderte trotz der Entwicklung der Anbaubedingungen der Landwirtschaft, konstant geblieben ist.

Die methodologischen Bezüge

Im Falle des Vorliegens der Bedingung lassen sich keine Aussagen über die Entstehung oder die Nichtentstehung der Pflicht, der Regelkonformität oder beider zugleich treffen. Im Falle der Negation der Kondition entfallen diese grundsätzlich. Dies ist darin begründet, dass die Pflicht lediglich in dem Fall zur Entstehung gelangt, in dem Verbote fehlen, die Bedingung vorliegt und die Voraussetzungen erfüllt sind.

	positiv	negativ
Bedingung der Pflicht	notwendige Bedingung für die Existenz der Pflicht	hinreichende Bedingung für die Nichtexistenz der Pflicht
Bedingung der Regelkonformität	notwendige Bedingung für die Existenz der Regelkonformität	hinreichende Bedingung für die Nichtexistenz der Regelkonformität
Bedingung der Pflicht und der Regelkonformität	notwendige Bedingung für die Existenz beider	hinreichende Bedingung für die Nichtexistenz beider

Ausgangspunkt der Erörterung ist die ethische Pflichtenlehre, die Ibn Rushd darstellt. Die Pflicht kann auf dem Quran, der Sunna oder dem Konsens beruhen und zu einer der fünf ethischen Kategorien wagib, mustahabb, mubah, haram oder makruh zählen. Das Gebot wird ferner mit den Begriffen fard, hatm, lazim und maktub bezeichnet, während ein anderer Terminus für das Erwünschte mandub lautet. Wird das Gebot, wagib, nicht erfüllt oder dem Verbot, haram, zuwidergehandelt, erfolgt eine Bestrafung. Im Falle der Verrichtung des Erwünschten, mustahabb, erwartet den Gläubigen eine Belohnung, während das Unterlassen folgenlos bleibt. Hinsichtlich des Verwerflichen, makruh, verhält es sich konträr. Der Begriff mubah bezeichnet die neutrale Handlung, deren Vornahme ohne Konsequenzen bleibt.

Ad-Dardir ergänzt die Rechtsfolgen zur Lehre der Bedingungen, die bei Khalil in kasuistischer Form ausgearbeitet wird. Dies ist ein Hinweis auf die weitgehende Eigenständigkeit des großen Kommentars gegenüber dem Grundwerk. Kennzeichnend für die Lehre ad-Dardirs bezüglich der Shurut ist die Entwicklung eines abstrakten Modells, dass die Entstehung der Pflicht in Abhängigkeit vom Vorliegen bestimmter Voraussetzungen beschreibt. Es erfolgt somit die Systematisierung eines Teils der Pflichtenlehre, die mit der Bildung abstrakter und übertragbarer Begriffe verbunden ist. Die von ad-Dardir dargestellte Lehre von den Bedingungen wird von al-Qarawi in zusammenfassender und erläuternder Weise wieder aufgegriffen.

Die Grenzen der Abstraktion im Rahmen der Pflichtenlehre werden im Folgenden aufgezeigt. Das Kapitel Zakat des Muwatta, das die Steuer im Falle einer Schuld behandelt, beginnt mit der allgemeinen Vorschrift, die besagt, dass derjenige, dem zum Zeitpunkt der Fälligkeit der Steuer die Begleichung einer Verbindlichkeit obliegt, die private Verpflichtung zuerst begleichen soll. Wer Geld anlässlich einer solchen Leistung erwirbt, soll dieses für die Bezahlung der Zakat aufwenden. Die folgenden Anordnungen haben einen spezielleren Charakter. Es ist erkennbar, dass die beiden kasuistischen Anordnungen des Muwatta

„Hat jemand zu verkaufende Güter mehrere Jahre in seinem Besitz, so soll er von ihrem Erlös ausschließlich einmalig die Steuer entrichten."

„Der Gläubiger einer erst nach Jahren beglichenen Schuld soll diese Steuer lediglich einmalig entrichten, sobald er den Betrag erhalten hat."

nicht zu dem allgemeinen Grundsatz mit Ausnahmeregelung:

„Wird die Zakat erst nach mehreren Jahren fällig, so ist stets der Berechnungszeitraum einer Steuerperiode zugrunde zu legen."

umformuliert wird, sondern in der kasuistischen Struktur verbleibt, obwohl die Leitgedanken implizit erkennbar sind.

Die Vorschriften gelten - wie as-Sawi formuliert - lediglich für das in Frage stehende Rechtsinstitut. Hinsichtlich der Beziehung der allgemeinen Steuer zu der, die ausschließlich am Ende des Fastenmonats zu verrichten ist, stellt dieser die fehlende Qualifikation spezieller Vorschriften dar, die auf dem Fehlen einer Norm- und Begriffshierachie beruht.

„Bezüglich des Entstehungsjahres können wir (lediglich) feststellen, dass die allgemeine Steuer vor der besonderen erwähnt wird. So ist anerkannt, dass sie (die Steuer) nicht gleichbedeutend mit ihr (der Festtagsabgabe) ist und über deren (Eigenschaft als) Gebot keinen Aufschluss gibt."

Dieser rechtssystematische Hinweis verneint mit weitreichenden Folgen die Übertragung von Voraussetzungen oder Rechtsfolgen des allgemeinen Rechtsinstituts, beispielsweise der Steuer oder des Einzelgebetes, auf das besondere. Die Steuer, die als Festtagsabgabe zu entrichten ist, ist nicht an die Voraussetzungen der allgemeinen Form, das Vorhandensein eines Mindesteigentums oder an eine bestimmte Besitzzeit, geknüpft. In gleicher Weise sind die Vorschriften für das Gebet des Einzelnen nicht für die Salat mit dem Imam verbindlich. Die Ableitung dieses methodologischen Verfahrens erfolgt nicht in direkter Form aus den Rechtsquellen, sondern bedarf der Auslegung, die sich am Weg des Propheten orientiert.

Zusammenfassung

Die Darstellung der Furu der Zakat und der Salat veranschaulicht die technischen Verfahrensweisen der Ableitung und Bezugnahme im Rahmen einer Auswahl der malikitischen Kommentarliteratur. Besonders am Beispiel des Vergessens der Gebetsabläufe wird deutlich, dass die Abhandlungen ein enges Beziehungsgeflecht darstellen und implizit miteinander verknüpft sind. Die Normen des Quran und der Sunna dienen im Rahmen der lehrbuchartigen Ausführungen der späteren Kommentare nicht der Begründung einer selbständigen Systematik der Rechtsableitungsmethodologie, sondern es werden auf dem Weg der Verknüpfung, Anordnung und Auslegung der Basisquellen Einzelfälle, die kein Overruling der primären Rechtsquellen erkennen lassen, erläutert.

Die Analogie und der Umkehrschluss werden zur Gesetzesinterpretation, die mit der Normfindung zusammenhängt, verwendet. Die erfolgte Analyse stellt dar, wie die Rechtsgelehrten die juristischen Methoden in hoch entwickelter und differenzierter Weise ausschöpften. Über die erweiterten systematischen Verknüpfungen hinaus erfolgt eine Qualifizierung der Voraussetzungen, die entsprechend dem Gebot der Fall- und Realitätsbezogenheit erweitert werden. Ein Beispiel stellt der oben angeführte Fall des Steuerschuldners dar, der eine Verbindlichkeit zu begleichen hat. Fallvarianten berücksichtigen den Tod des Schuldners, das lasterhafte Zustandekommen der Verbindlichkeit und die Bedeutung der Reue im Falle der lasterhaften Verbindlichkeit. Auslegungsschwierigkeiten ergeben sich bei der Beurteilung der Voraussetzungen, die im speziellen Fall ergänzt werden müssen.

Die Entwicklung der Auslegungsprinzipien und der Systematik im Verhältnis zur Methode des Aql und der Tradition ist im Rahmen dieser Ausführungen nicht darstellbar.

Die Interdependenz zwischen der Vorschrift, deren Gegenstand nicht unmittelbar auf die religiösen Abläufe bezogen ist und der Theologie. Ein Rechtsvergleich zwischen dem islamischen und dem kontinentaleuropäischen Öffentlichen Recht

Einleitung

Der Rechtsvergleich ist eine Disziplin, die neben den sprachlichen Divergenzen die Besonderheiten des Rechts, der Religion, der politischen und der soziologischen Bedingungen der zu vergleichenden Rechtssysteme berücksichtigt. Zwischen der Gesellschaft und dem Recht bestehen Wechselwirkungen, so dass aus den divergierenden religiös und ethisch-moralisch oder politisch-ökonomisch motivierten Gesellschaftsanschauungen abweichende normative Entscheidungen resultieren.

Es existieren zwei Formen des Rechtsvergleichs, die in diesem Zusammenhang bedeutsam sind. Die funktionale Rechtsvergleichung beschreibt das Recht als soziokulturelles Phänomen, das die Zweckbindung, die der Normsetzung zugrunde liegt, berücksichtigt. Sie untersucht die Auswirkungen des Nichtvorhandenseins einer Norm, indem sie das eigene Recht im Lichte des fremden reflektiert. Diese Methode basiert auf der Vorstellung von einer konkreten Wirklichkeitswissenschaft, welche die vielschichtigen Einzelbedingungen der Rechtsentwicklung berücksichtigt. Auf diese Weise stellt sich die Rechtsvergleichung als Mikrovergleichung einzelner Gesetze oder Normenkomplexe dar, die der Analyse mittels einer Fragestellung im Sinne der juristischen Hermeneutik und der empirischen Hypothesenbildung zugänglich sind.

Die Morphologie des Rechts, die in einer themenübergreifenden Formenlehre besteht, stellt sich nicht als „kulturneutraler" Anknüpfungspunkt für den Vergleich dar. Diese system- und verfahrensbezogene Analyse lässt Bezüge zur strukturalistischen Makrovergleichung des Rechts erkennen.

Die strukturalistische und die hermeneutische Methode erklären das Recht unter Berücksichtigung der literaturwissenschaftlichen Vorgehensweise, die auf die Logik der rechtswissenschaftlichen Methodologie nicht anwendbar ist, da das Recht, die Linguistik und die Religion keinen subjektiven Charakter besitzen. Das Zeit-Raum-Kontinuum und der normative Charakter des Rechts führen zum Postulat einer rechtsspezifischen Methodologie. Es ist angemessener, die Begriffspaare „Tradition und Auslegung" sowie „Materielles und Methodologie" oder in der Hadith-Wissenschaft „Isnad und Matn" als Ausdruck eines generell bestehenden Antagonismus zugrunde zu legen.

Der Rechtsvergleich wird dadurch erschwert, dass das kontinentaleuropäische Gesetz im Bereich des Öffentlichen Rechts und des Strafrechts keine kontinuierliche Rechtsentwicklung aufweist, während sich das Zivilrecht zum Corpus Iuris Civilis Justinians zurückverfolgen lässt. So ist die historische Verfassung erst nach der Entstehung der zivilrechtlichen Vorschriften des Römischen Rechts erlassen worden.

Der religiöse Ursprung und der religiöse Inhalt der Rechtsvorschriften

Das bezüglich des Ursprungs und des Inhalts religiöse Recht des christlich-atheistischen und des muslimischen Religions- und Kulturkreises gilt ausschließlich für die Angehörigen der Gemeinschaft. Die religiösen Pflichten der Muslime, die Ibadat, zu denen die Tahara, das rituelle Gebet, die Steuer, das Fasten im Monat Ramadan und die Pilgerfahrt nach Mekka zählen, sind ausschließlich von den Angehörigen der Glaubensgemeinschaft zu verrichten. Das bezüglich des Ursprungs religiöse Recht, dass nicht auf die religiösen Pflichten im engeren Sinne bezogen ist, zu dem die Muamalat, die Vorschriften des Öffentlichen und des Privatrechts, zählen, beansprucht mit Ausnahme der Hudud für alle Bürger des Staates Geltung. Hierzu zählen alle positiv-rechtlichen zivilrechtlichen, strafrechtlichen und staatsrechtlichen Vorschriften. Fraglich ist, ob Vorschriften umfasst werden, die noch nicht zum Gewohnheitsrechts zählen, weil es keinen Igma gibt. Das ungeschriebene Recht basiert im Gegensatz zum Quran und der Sunna lediglich in dem Fall auf einer religiösen Legitimation, dass sich der Rechtsanwendende im Rahmen der Methodologie der quranischen Exegese und der vom Propheten vorgegebenen Entscheidungsfindungsmethoden bewegt. Die genaue Kenntnis und Anwendung der Rechtsmethodologie ist folglich die Voraussetzung für eine religiöse Legitimation des islamischen Rechts. Es besteht die Aufgabe, das Verhältnis zwischen den geschriebenen und den abgeleiteten Rechtsquellen zu determinieren. Während dem Propheten das overruling der eigenen Vorschriften gestattet ist, regeln die Abrogation und die Regel lex posterior derogat legi anterior das zeitliche Verhältnis der quranischen Vorschriften.

Das in Ursprung und Natur nicht auf die Religionsausübung bezogene Recht Kontinentaleuropas besitzt seit der französischen Revolution eine Wirkung für alle Staatsangehörigen des Staates. Die Legitimation und der Ursprung des kontinentaleuropäischen Rechts sind zur Zeit der Aufklärung philosophisch-ethischer Natur, so dass religiöse Normen in Form von Relikten in das Recht der Aufklärung transformiert wurden. Das alttestamentarische Prinzip der Vergeltung besitzt heute beispielsweise lediglich als Grundlage der Strafmaßbemessung Bedeutung. Aus den historischen Verfassungen Europas ging hervor, dass das Staatsoberhaupt der christlichen Religion angehören sollte.

Die Rechtsquellen

Die Rechtsquellenlehre der arabischen und der kontinentaleuropäischen Jurisprudenz unterscheidet geschriebene und ungeschriebene Rechtsquellen, zu denen das Gewohnheitsrecht zählt. Dieses besteht in einer Entscheidung, die durch den Konsens der Rechtsgelehrten zu einer Rechtsgrundlage erstarkt ist.

Voraussetzung für die Beurteilung der Rechtsquellenlehre ist die Analyse der methodologischen Ableitung von Begriffen, Methoden und Normableitungsverfahren im historischen Wandel. Als Beispiel dient die Analyse der methodologischen

Ableitung von Normen aus den Primärquellen des islamischen Rechts, die von Rechtsgelehrten der malikitischen Schule vorgenommen wurde. Anhand einer Reihe von Rechtskommentaren, die in Abhängigkeit voneinander zwischen dem 14. und dem 20. Jahrhundert entstanden sind, konnten systembezogene Grundlagen der Normableitung im historischen Wandel ermittelt werden. Diese induktive Verfahrensweise sucht methodologische Gemeinsamkeiten, die als Erklärungsmodell der Deduktion des Rechtes aus den Rechtsquellen dienen können und Rückschlüsse auf das Verhältnis der Basisregelungen des Koran und der Sunna zum Ray zulassen.

Die Rechtsentstehung und -aktualisierung folgen den gleichen Geboten. Das Recht entsteht auf dem Wege der Rechtsprechung und existiert für die Gesellschaft, die der Ordnung bedarf. Die Rechtstheorie und die Rechtsprechung perpetuieren das Recht, das im Gesetzgebungsverfahren dem abstrakten Modell angepasst wird. Die in der Zeit der europäischen Aufklärung von Bodin und Rousseau formulierte Vorstellung, das Recht beruhe auf dem Gebot des Souveräns, erweist sich als bloßes Postulat. Fraglich ist die Systemadäquanz der Einbeziehung des Richterrechtes als Form der Rechtsaktualisierung, da ein Konflikt zwischen dem Rechtsstaatsprinzip, dass in Art. 20 III GG oder in der sudanesischen Verfassung vom 6. Juli 2005 normiert ist und der Rechtsfortbildung besteht. Regelte die Verfassung die Voraussetzungen für das Vorliegen des Igma und anderer methodologischer Grundlagen, würde die Vereinheitlichung des auf der Verfassung basierenden Gesetzesnetzes gefördert.

Der Ursprung und die Aktualisierung der Vorschriften sind im islamischen Recht unmittelbar religiöser Natur. Wie im kontinentaleuropäischen Raum wird das so entstandene Recht in Form der Urteile, der Kommentare, der Fatawa-Sammlungen und der Gesetzesmaterialien aktualisiert und mit dem vorhandenen Normenbestand in Einklang gebracht. Die Befolgung der Rechtsfindungs- und Rechtsanwendungsmethode des Propheten stellt die religiöse Basis der ungeschriebenen Rechtsquellen dar. Im islamischen Recht stellt der Quran nicht die direkte Quelle des Rechts dar. Die Vorschriften beruhen vielmehr auf dem Urbuch, Umm-al-Kitab, das sich im Jenseits befindet und den umfassenden Plan Allahs taalas beinhaltet, ohne der irdischen Existenz zugänglich zu sein. Die religiösen Vorschriften entstehen folglich nicht mit dem geschriebenen Werkkorpus, das sich auf Erden befindet, sondern existieren bereits eine unermessbare Zeit vorher in einer für den Menschen erst nach seinem Tode zugänglichen jenseitigen Sphäre. Dieser Gedanke, der die im Quran häufig betonte Allwissenheit Allahs zum Ausdruck bringt, ist im Lichtvers dargestellt.

Sure an-nur: 35 <Allah ist das Licht der Himmel und der Erde. Sein Licht gleicht dem in einer Nische in einer Mauer, in welcher sich eine Lampe befindet, die wiederum in einem Glas untergebracht ist. Das Glas scheint deshalb wie ein leuchtender Stern. Es wird vom Öl eines gesegneten Baumes, eines Olivenbaumes, erhellt, der weder im Osten, noch im Westen wächst. Sein Öl gibt fast ohne Berührung des Feuers Licht und sein Licht steht über allem Licht. Allah leitet den, welchen er wählt, zu seinem Lichte. So stellt Allah den Menschen Gleichnisse auf; denn Allah kennt alle Dinge.>

Diese religiöse Parabel stellt die Bedeutung der Erkenntnis des Menschen mit Hilfe der Metapher des Lichts dar. Das physikalische Licht erhellt die Finsternis in Abhängigkeit von der Reichweite und Dauer einer vergänglichen Quelle. Diese irdische Sphäre symbolisiert die Erkenntnisfähigkeit des Menschen, die an den Forschungsstand und die existierenden wissenschaftlichen Methoden gebunden ist. Im Gegensatz zur christlichen Philosophie gründet sich die islamische Religion nicht auf die eingeschränkte Beweisbarkeit der Gesetze, sondern legt deren Geltungsgrund als „mit an Sicherheit grenzender Wahrscheinlichkeit" gegeben, al-Yaqin, zugrunde.

Die Rechtsanwendung – das Gewohnheitsrecht

Neben der Auslegung können religiöse Gesichtspunkte im Rahmen der Entwicklung des Gewohnheitsrechts im kontinentaleuropäischen und im islamischen Recht berücksichtigt werden. Die Formen des Richterrechts unterscheiden sich bezüglich der Bindungswirkung, die gesetzesähnlicher oder faktischer Natur sein kann.

Allgemeine Bindungswirkung

Die dritte Rechtsquelle des islamischen Rechts, das Gewohnheitsrecht, beruht auf der Rechtsfortbildung, dem Ray der Autoritäten unter den Rechtsgelehrten, die wie im kontinentaleuropäischen Recht im Gegensatz zur Exegese über die Wortlautgrenze hinausgeht. Die Rechtsfortbildung erstarkt dadurch zu Gewohnheitsrecht, dass die Rechtsansicht vom Konsens, dem Igma der Mehrzahl der islamischen Rechtsgelehrten, vertreten wird. Dies entspricht bezüglich des Gewohnheitsrechts im deutschen Recht der langjährigen Übung und der Überzeugung, dass es sich um geltendes Recht handele. In den christlichen Ländern ist die Rechtskontinuität nicht durch ein religiöses Basisgesetz gewährleistet, so dass es von historischen Grundsätzen abhängt, ob grundlegende Wertentscheidungen der Verfassung veränderbar sind. Im islamischen Recht bezieht die Bindungswirkung aufgrund des Igma die Literatur ein.

Die Normableitung aus den geschriebenen Rechtsquellen, der Ray, kann in Form des Befolgens der Methode der Autoritäten erfolgen oder dagegen verstoßen. Wird die methodologische Vorgehensweise, welche die Autoritäten unter den Rechtsgelehrten von der Rechtsdogmatik des Propheten ableiten, von den Schülern in Form des Taqlid übernommen und weiterentwickelt, so werden aus Gründen der Subsidiarität der geschriebenen Rechtsquellen vor der Rechtsfortbildung, dem Ray, lediglich die Fälle des distinguishing zu Gewohnheitsrecht. Während die Rechtsschöpfung im islamischen Recht, der Igtihad, wie die Anwendung des overruling der Methode der Autoritäten umstritten ist, ist jene bezüglich der Methode des Propheten grundsätzlich nicht gestattet. Der Igtihad bietet dem Rechtssprechenden oder -gebenden die Möglichkeit, die eigene ideologische Anschauung in größerem Maße als im Falle des Ray, der auf Taqlid beruht, zu berücksichtigen. Die Vorbedingung für die Ausübung der Rechtsfortbildung ist – nicht nur im islamischen Recht - die konzeptionelle Einordnung der Einzelentscheidungen, die auf der Abstraktion übergeordneter Prinzipien beruht und eine Kontinuität der systemadäquaten Rechtsentwicklung gewährleistet.

Fraglich ist, ob eine Entscheidung, die sich im Vorfeld des Gewohnheitsrechts zwischen der faktischen und der rechtlichen Bindungswirkung über den Einzelfall hinaus befindet, als Rechtsquelle anzuerkennen ist. Als Beispiel für das Richterrecht im kontinentaleuropäischen Rechtskreis dient die Entscheidung des deutschen Bundesgerichtshofes, derzufolge ein Ersatz immaterieller Vermögensschäden gegen den Wortlaut des § 253 BGB zuzubilligen ist. Diese Einzelfallentscheidung entfaltete eine faktische Bindungswirkung, die darauf beruhte, dass eine Rechtslücke geschlossen wurde, die von besonderer rechtlicher Bedeutung war. Seit der Reform des Deliktrechts aus dem Jahre 2002 wird gemäß § 253 II BGB auch im Falle der Nichtvermögensschäden ein monetärer Ausgleich gewährt, so dass das Richterrecht zu positivem Gesetzesrecht wurde, wodurch es in diesem Fall in seiner Bedeutung bestätigt wurde. Es ist fraglich, ob diese Entscheidung, die sich zur Zeit ihrer fehlenden Normierung im Vorfeld des Gewohnheitsrechts zwischen der faktischen und der rechtlichen Bindungswirkung über den Einzelfall hinaus befand, als Rechtsquelle anzuerkennen war. Die Beurteilung hängt von der Beurteilung der Legitimation des Richterrechts, der Festlegung der Grenzen des Igma, der Vereinbarkeit mit § 1 des deutschen GVG und dem Rechtsstaatsprinzip ab. Die Frage lässt sich für die Gerichtsurteile beantworten, während sich bei den Kommentaren und den Fatawa Beurteilungsschwierigkeiten abzeichnen, sofern nicht bestätigt ist, dass sie zum Konsens zählen. Die Rechtsanwendung und die Gesetzgebung werden durch die Pflicht des Richters, im Falle des Fehlens einer entscheidungsrelevanten Vorschrift den Fall auszusetzen und nach Art. 101 GG dem Bundesverfassungsgericht vorzulegen, verknüpft, so dass Regelungslücken vermieden werden. Dieser Artikel des Grundgesetzes stellt folglich eine Begrenzung der Freiheit zur Rechtsfortbildung dar und dient dem Grundsatz des effektiven Rechtsschutzes gem. Art. 19 IV.

Die Rechtsfortbildung orientiert sich an den geschriebenen und ungeschriebenen Rechtsquellen, der Rechtsprechung und der Theorie der Autoritäten unter den Rechtsgelehrten. Dirk Looschelders und Wolfgang Roth stellen die Verbindung und die Unterschiede zwischen der Methode der Rechtssetzung und der -auslegung dar, die grundsätzlich auf die Rechtsaktualisierung im kontinentaleuropäischen und im islamischen Rechtssystem bezogen werden kann. Die Gesetzgebung und die Rechtsanwendung, welche die Entwicklung der Rechtsaktualisierung im kontinentaleuropäischen Recht bestimmen, greifen - wie am Beispiel der actio libera in causa oder dem § 253 BGB deutlich wird – ineinander.

Der Prozess der Rechtsaktualisierung und -anwendung ermöglicht indirekt die Einflussnahme religiöser Wertvorstellungen bezüglich des Rechts auf religiöser und säkularer Grundlage. Anders als die Rechtsfortbildung im Einzelfall, die lediglich für den in Frage stehenden Streitfall Bindungswirkung entfaltet, wirkt das Gewohnheitsrecht inter omnes und ist folglich den geschriebenen Rechtsquellen ähnlich. Auf diese Weise wird die religiöse Überzeugung in beiden Rechtssystemen perpetuiert. Vernachlässigt man die Formen der Rezeption fremden Rechts, da die Neuschöpfung des Rechts mittels eigener Ressourcen im Vordergrund steht, wird deutlich, dass ein Rechtssystem hauptsächlich im Prozess der Rechtsaktualisierung, die der vorherigen Tätigkeit der Rechtspraxis oder der Rechtstheorie bedarf, religiösen oder säkularen Einflüssen ausgesetzt ist. Die Exegese der Vorschriften ist im Rahmen des Wortlautes dynamisch und kann den sich verändernden Lebensumständen entsprechend dem Kenntnisstand des Menschen angepasst werden. Im Rahmen der Rechtsfortbildung wird dem Rechtsanwendenden in beiden Rechtssystemen ein erweiterter Interpretationsspielraum zugestanden, der die Einwirkung religiöser Einflüsse im Prozess der Rechtsaktualisierung begünstigt. Im islamischen Recht bildet die Methodologie der Entscheidungsfindung des Propheten die Basis der Rechtsfortbildung. Der Einfluss der Religion im Rahmen der Anwendung des Ray und der Analogie kann in direkter oder in mittelbarer Form durch die Einbeziehung der religiösen, schriftlich niedergelegten Rechtsquellen oder der dort enthaltenen Grundgedanken erfolgen. Im kontinentaleuropäischen Recht können die religiösen oder philosophischen Prinzipien, die die Grundlage der Moralvorstellung darstellen, infolge der Rechtsfortbildung während des Aktualisierungsprozesses auf das Recht einwirken.

Bindungswirkung im Einzelfall

Die Rechtsauslegung bezieht sich in beiden Rechtssystemen grundsätzlich auf das Recht mit Bindungswirkung. Darüber hinaus sind Kommentare, Fatawa und Urteile Gegenstand der Auslegung.

Im islamischen Recht gibt es die beiden methodologischen Formen der Quran- und der Traditionsexegese. Die Methode, derer sich das Fallrecht bedient, wird in den betreffenden Ländern mit den Begriffen Nadhar oder case-based reasoning bezeichnet. Aus dem hohen Konkretisierungsgrad ergibt sich bezüglich des Fallrechts der Grundsatz der engen Gesetzesauslegung. Diese Auslegung basiert auf der Formulierung eines Grundsatzes aus dem entschiedenen Fall, der ratio decidendi, der auf den aktuellen Fall anwendbar ist und eine Bindungswirkung besitzt.

Die Kommentare und Einzelentscheidungen, die nicht zu Gewohnheitsrecht erstarkt sind, stellen in beiden Rechtsordnungen Auslegungshilfen dar, durch die religiöse Entscheidungen in die Exegese einbezogen werden können. Im islamischen Recht zählen darüber hinaus die Fatawa der Rechts- und Religionsgelehrten zu den Auslegungsmaßstäben. In diesen Fällen existiert keine allgemeine Bindungswirkung.

Die schriftlichten Rechtsquellen – das offizielle Gesetzgebungsverfahren

Das Gesetzgebungsverfahren dient der Aktualisierung des Rechts und der Anpassung an die veränderten Lebensbedingungen des Menschen. Aus diesem Grund berücksichtigen der Gesetzgeber und der Rechtsanwender reale, soziale, wirtschaftliche und politische Phänomene. Da das Parlament wie der Maglis ash-Shura das Recht besitzt, die Regierung zu kontrollieren, indem es die Zustimmung zu exekutiven Maßnahmen verweigern kann, ist diese Funktion auch im Bereich der parlamentarischen Gesetzgebung nicht ausgeschlossen. Die Verhältnismäßigkeit des Gesetzes im Einzelfall ist umso größer, je konkreter das Gesetz formuliert ist. Die Gebote der Einzelfallgerechtigkeit und des allgemeinen Gleichheits- und Differenzierungsgrundsatzes, der Konkretheit und der inter- und intralegalen Systematik, sind in einen Ausgleich zu bringen. Der scheinbare Antagonismus zwischen der induktiven und der deduktiven Methode weicht einer qualitativen Determinierung der methodologischen Begriffe und Auslegungsmethoden. Es erfolgt in beiden Rechtssystemen kein Schluss vom realen Sachverhalt auf das Gesetz oder umgekehrt, sondern der Rechtssprechende interpoliert im Fallrecht einen theoretischen, konkreten Fall und im abstrakten Recht eine konkretisierende Definition. Für die Legislative besteht die Anforderung, das Gesetz unter Berücksichtigung der geschriebenen und ungeschriebenen Rechtsquellen, der Urteile und der Literatur so zu formulieren, dass ein effektiver Rechtsschutz gewährleistet ist. Hierbei ist es notwendig, die Gesamtheit der Vorschriften und der Literatur zu sortieren, zu kategorisieren und häufig erörterte Fallgestaltungen zusammenzutragen. Die Kommentare, Fatawa und die Urteile werden systematisiert und zu Mukhtasarat, beispielsweise dem Mukhtasar Khalils, der erneut die Basis für zahlreiche Kommentare und Superkommentare bildet, zusammengefügt. In der Beschreibung dieses Vorgehens im Gesetzblatt und den parlamentarischen Gesetzesmaterialien ist die Quelle anzugeben, um die Suche des Rechtsprechenden in den Kommentaren zu erleichtern und die Transparenz dem Bürger gegenüber zu gewährleisten.

Im islamischen Recht existieren drei Rechtsquellen: Der Quran und die Sunna, die aus den Traditionen des Propheten besteht, stellen schriftliches Recht dar. Den Subsidiaritätsvorschriften zufolge beansprucht der Quran vor der Sunna und diese vor der Rechtsfortbildung, dem Ray, Geltung. Diese Rechtsquellen dienen als Grundlage für die Rechtsprechung in den islamischen Ländern, enthalten jedoch zugleich die Vorschriften über die jenseitigen religiösen Rechtsfolgen, die das Zuwiderhandeln gegen eine Norm nach sich zieht.

Im kontinentaleuropäischen Recht existiert eine große Vielfalt schriftlicher Rechtsquellen, die ebenfalls in einem hierarchischen Verhältnis zueinander stehen. Das römische Recht, welches das Recht bereits in das Öffentliche Recht und das Privatrecht unterteilte, ist als Quelle der zivilrechtlichen Vorschriften säkularer Natur. Aufgrund der Trennung der staatlichen von den christlichen Vorschriften ist der Bezug zu den religiösen Rechtsfolgen heute mittelbarer Natur und kann im Rechtssetzungsprozess als ethische Erwägung berücksichtigt werden.

Es bestehen Übereinstimmungen zwischen dem Beurteilungsspielraum der Legislative, der Judikative und der Exekutive, der gubernativen und der administrativen Gewalt – dem richterlichen Ermessen, dem Verordnungsermessen, dem Ermessen beim Erlass von Verwaltungsakten und dem gesetzgeberischen Gestaltungsspielraum. Ob ein administrativer Entscheidungsfreiraum auf der Tatbestandsseite einer Ermächtigungsnorm in Form eines Beurteilungsspielraumes eingeräumt wird oder auf der

Rechtsfolgenseite als Ermessensspielraum gestaltet wird, ist aus der Sicht des ermächtigenden Gesetzgebers nur eine Frage der gewählten Gesetzesformulierung.

Bei der Konkretisierung der Grundrechte steht dem Gesetzgeber im kontinentaleuropäischen Recht ein Prognosespielraum zu. Dieser umfasst beispielsweise im Falle des Art. 12 GG wirtschaftliche, arbeitsmarkt- und sozialpolitische Ziele. Bei der Wahrnehmung des Gestaltungsspielraums durch den Gesetzgeber finden religiös-ethische Gesichtspunkte in beiden Rechtssystemen Berücksichtigung. Der Spielraum, den das Parlament bei der Gesetzgebung wahrnehmen kann, orientiert sich an der faktischen Bindungswirkung des Richterrechts, der Gesetzessystematik und der Auslegung der Verfassung in Verbindung mit der Geschäftsordnung des Bundestages. Einen Sonderfall stellt das Prinzip der kontrafaktischen Stabilisierung, das der Rechtssoziologe Niklas Luhmann beschreibt, dar. Es bezeichnet den Geltungsanspruch des Rechts über den Vorgang der Destabilisierung einer Vorschrift infolge der faktischen Nichtbefolgung hinaus. Fraglich ist, in welcher Form das Recht ein Ideal postuliert, dass den Bürger formt, ohne die tatsächlichen Gegebenheiten der Gesellschaft, für die das Recht bestimmt ist, zu vernachlässigen. Ar-Razalis pädagogische Darstellung der unterschiedlichen Menschentypen und ihrer Haltung zur Ethik legt eine Begrenzung des juristischen Ideals durch die realen Anlagen des Menschen nahe. Verfolgt das Strafrecht general- und spezialpräventive Zwecke, muss der Gesetzgeber beispielsweise im Rahmen der Verhältnismäßigkeitsprüfung berücksichtigen, ob das neue

Gesetz geeignet, das am geringfügigsten eingreifende Medium und verhältnismäßig im engeren Sinne ist. Diese Prüfung ermöglicht das Einfließen religiöser Wertungen und Menschenbilder in den Rechtsschöpfungsprozess in Form einer mittelbaren Einwirkung auf den Rechtsaktualisierungsprozess.

Die Einzelvorschriften

Die Betrachtung der Struktur der Einzelvorschriften ermöglicht es, die Elemente, welche die religiöse Bewertung ermöglichen, zu beschreiben.

Zahl der Sachverhalte und Adressaten

Der abstrakt-generelle Begriff liegt den Regelungen des Quran und des Qanun sowie dem kontinentaleuropäischen geschriebenen Gesetz zugrunde. Die Überlieferungen sind fallrechtlich strukturiert und weisen wie der Ray einen konkret-individuellen Bezug auf.

Der kontinentaleuropäische Rechtssatz basiert auf einem konkret-allgemeinen Begriff, der für die Subsumtion bedeutsam ist. Die ratio decidendi beinhaltet eine abstrahierende und zu verallgemeinernde Auslegung eines Urteils über einen konkreten Sachverhalt, die juristische, ethische, politische und soziale Aspekte einbezieht. Sie wird durch die fehlende sprachliche Kennzeichnung verschleiert, so dass nur argumentativ zu begründen ist, ob die erbrechtliche quranische Formulierung in der Sure

Sure an-nisa: 7 <Den Männern steht ein Teil dessen, was die Eltern und die Angehörigen hinterlassen, zu>

als abstrakt- oder konkret-generelle Regelung aufzufassen ist. Ein weiteres Beispiel stellt die folgende Vorschrift der Sunna dar.

Al-Bukhari: zakat 7, 71, <Der Prophet Allahs, salla Allahu alayhi wa sallam, erlegte den Muslimen die Festtagssteuer im Ramadan auf.>

Die Begründung erfolgt auf rechtsphilosophischer Ebene und ist nicht wertungsfrei, da sinngebende, inhaltliche Kriterien, die theologischer Natur sein können, zu beachten sind. Der Vergleich mehrerer konkreter Begriffe erfolgt durch die Abstraktion, welche die Prinzipienanalyse erleichtert.

Die Fragen zur Theorie und Anwendung der ratio decidendi und ihrer Bedeutung im kontinentaleuropäischen Recht, im islamischen Recht und im Fallrecht können im Rahmen dieser Abhandlung nicht vertieft werden. Dies gilt auch für die Erforschung der Kriterien und Grenzen der Auslegung außerhalb des abstrakten Rechtssatzes in Form eines Rechtsvergleichs. Der Begriff mit dem höchsten Abstraktionsgrad billigt dem Auslegenden den größten Interpretationsspielraum zu, so dass die Interpretation unbestimmter Rechtsbegriffe im Rahmen der ratio decidendi eingeschränkt sein könnte. Ermessensvorschriften, Generalklauseln und unbestimmte Rechtsbegriffe beinhalten jedoch grundsätzlich besondere Möglichkeiten der indirekten Berücksichtigung religiöser Wertungen.

Die Struktur der Vorschrift

Rechtsvorschriften werden im arabischen und im kontinentaleuropäischen Recht in Form des normativen Konditionalsatzes formuliert. Die strukturelle Einbindung dieser grammatikalischen Form ist in beiden normativen Systemen durch die systematischen Bezüge der Rechtsnormen charakterisiert. Der Satz „Wenn man „Allahu akbar" ruft, bevor sich der Imam niederbeugt, so soll man das Vorgebetete überspringen" erhält seine Bedeutung in der Verknüpfung mit anderen Normen zu einem Gesetzesgefüge. Erst im Laufe der Entwicklung des arabischen oder des kontinentaleuropäischen Rechts erhält eine konditional verknüpfte normative Aussage ihren Rechtssatzcharakter mit der Einbindung in das abstrakte oder konkrete Gesetzessystem. Die Aussagekraft der damit verbundenen Systematik ist vom Ergebnis der Auslegung abhängig. Die Gesetzessystematik des islamischen und des kontinentaleuropäischen Rechts stellt sich als Folge der Norminterpretation durch den Anwendenden und Weiterentwickelnden des Rechts dar, die den Einfluss religiöser Wertungen ermöglicht.

Die Struktur des Rechtssatzes im Sinne des abstrakten Gesetzessystems und der normative Konditionalsatz des Fallrechts unterscheiden sich darin, dass der eine abstrakt-generell und der andere konkret-allgemein formuliert ist. Der Rechtssatz bezieht sich auf das Recht mit einer Bindungswirkung, die inter omnes gilt. Die ratio decidendi hingegen stellt eine Abstraktion vom Einzelfall dar, die eine möglichst große Nähe zum konkreten Fall aufweist. Sie bezieht sich sowohl auf das positive arabische Recht als auch auf den Ray.

Funktion und Bezeichnung

Die kontrastierenden Begriffe Qiyas und Mafhum al-muwafaqa, argumentum e simile und argumentum e contrario, analogizing und distinguishing, Analogie und Umkehrschluss divergieren bezüglich der Funktionen, die sie in den verschiedenen Rechtssystemen erfüllen. Die Analyse des in der malikitischen Kommentarliteratur geübten Ray zeigt auf, dass die Methoden des Umkehrschlusses, des Mafhum al-muwafaqa, und der Analogie, des Qiyas, als Erklärungsmodell für das historische Gefüge der Kommentarbezüge und die Binnenstruktur des Einzelwerks geeignet sind. Das kontinentaleuropäische Rechtssystem unterscheidet das argumentum e simile und das argumentum e contrario von dem Begriffspaar Analogie und Umkehrschluss. Die historische Entstehung des abstrakten Rechtssystems aus dem römischen Fallrecht bedingt diese Unterscheidung. Die Methoden der Analogie und des Umkehrschlusses hingegen weisen einen eindeutigen Bezug zum abstrakten, vom aristotelischen Syllogismus bestimmten Modell auf und bezeichnen den Vorgang der Rechtsfortbildung über den Gesetzeswortlaut hinaus.

Die ethisch-rechtlichen Kategorien

Im arabischen Recht basiert der normative Konditionalsatz auf einer religiösen Pflichtenlehre, die Ibn Rushd darstellt. Dieser beschreibt die drei weiteren ethischen Kategorien, das Empfehlenswerte, mustahabb oder mandub, die neutrale

Handlung, mubah, und das Verwerfliche, makruh. Wird das Gebot nicht erfüllt oder wird dem Verbot zuwidergehandelt, erfolgt eine Bestrafung. Im Fall der Verrichtung des Erwünschten erwartet den Gläubigen eine Belohnung, während das Unterlassen folgenlos bleibt. Hinsichtlich des Verwerflichen verhält es sich konträr. Die Vornahme oder das Unterlassen der neutralen Handlung bleibt ohne Konsequenzen. Die diesseitige richterlich angeordnete Rechtsfolge hat zugleich Auswirkungen auf die jenseitige Behandlung, die Zuordnung zum Himmel und zur Hölle oder die Belohnung in Anteilen. Grundsätzlich zieht die Verletzung des in der Sunna, im Quran und als Ray formulierten Rechts diese Rechtsfolge nach sich, da jeder Rechtsverstoß zugleich eine Verletzung der religiösen Vorschriften beinhaltet.

Ein Pendant im kontinentaleuropäischen Recht existiert nicht in geschlossener Form. Bei der Unterscheidung in Soll-, Kann- und Muss-Vorschriften übt die Wertung einen Einfluss mittelbarer Natur aus. Die Bestimmung des Rechtsguts beruht auf einer ethisch-philosophischen Wertung. Die moralische Wertung ist in jedem Rechtssystem die Grundvoraussetzung für die Bestimmung der Rechtsfolge eines Rechtssatzes. Liegt kein Fehlverhalten vor, bedarf es keines Schadensersatzes oder einer strafrechtlichen Verfolgung des Verhaltens eines Delinquenten. Die ethischen Kategorien sind die qualitative Grundlage des Regelungscharakters einer Norm, während die Bindungswirkung formalrechtlich determiniert ist.

Die Auslegungsmethoden

Während die begriffliche und die systematische Auslegungsmethode dogmatisch eingebunden ist, begünstigt die historisch-genetische und die teleologische Exegese religiöse Wertungen in größerem Maße.

Obwohl weder das islamische noch das kontinentaleuropäische Gesetzessystem in der Realität eine vollständige Geschlossenheit aufweist, weil der Rechtsaktualisierungsprozess kontinuierlich verläuft, bedingt der Gleichheits- und Differenzierungsgrundsatz die Bedeutung der systematischen Exegese der geschriebenen und der ungeschriebenen Rechtsquellen. Im kontinentaleuropäischen Recht ist diese Exegese von besonderer Bedeutung, weil die Gesetze entwicklungsgeschichtlich nicht durch einen einheitlichen Gesetzeskorpus, der als Ermächtigungsgrundlage fungiert, zusammengehalten werden. Einen Anwendungsbereich der systematischen Auslegung im islamischen Recht stellen die begrifflichen Bezüge dar. Der Terminus des mittellosen Empfängers des Almosens findet sowohl im Fall der allgemeinen Steuer als auch der Festtagsabgabe Verwendung, obwohl beide Rechtsinstitute durch unterschiedliche Voraussetzungen gekennzeichnet sind. Ferner ist es möglich, allgemeine und spezielle Bezeichnungen zu unterscheiden, wie ash-Shafi in der Risala darstellt. Diese Form der Behandlung von Termini findet sich im kontinentaleuropäischen Recht, dessen Systematik jedoch abweicht. Einen weiteren Anwendungsbereich der begrifflichen Systematik bildet die Interpretation des Quran mit eigenen Begriffen. Als Beispiel dient der Wucher hinsichtlich dessen Personentypen definiert werden, die leichter voneinander abgrenzbar sind: Es existieren der Gerechte, der die Armensteuer zahlt und keinen Zins nimmt, während sich der Ungerechte konträr verhält. Die zuletzt genannte begriffliche Systematik dient jedoch nicht der Schaffung von Zusammenhängen zwischen Rechtsnormen, die zu einem Strukturkomplex verbunden werden, sondern fördert die rhetorische Einprägsamkeit und Vereinfachung.

As-Sawi stellt hinsichtlich der Beziehung der allgemeinen Steuer zu der, die ausschließlich am Ende des Fastenmonats zu verrichten ist, dar, dass das arabische Rechtssystem im Gegensatz zum kontinentaleuropäischen Ideal nicht geschlossen ist.

„Bezüglich des Entstehungsjahres können wir (lediglich) feststellen, dass die allgemeine Steuer vor der besonderen erwähnt wird. So ist anerkannt, dass die Steuer nicht gleichbedeutend mit der Festtagsabgabe ist und über deren (Eigenschaft als) Gebot keinen Aufschluss gibt."

Dieser rechtssystematische Hinweis verneint mit weitreichenden Folgen die Übertragung von Voraussetzungen oder Rechtsfolgen des allgemeinen Rechtsinstituts, beispielsweise der Steuer oder des Einzelgebetes, auf das besondere. Die Steuer, die als Festtagsabgabe entrichtet wird, ist folglich nicht an die Voraussetzungen der allgemeinen Form, das Vorhandensein eines Mindesteigentums oder an eine bestimmte Besitzzeit, geknüpft. In gleicher Weise sind die Vorschriften für das Gebet des Einzelnen nicht für die gemeinsam verrichtete Salat verbindlich.

Im kontinentaleuropäischen Recht verhält es sich umgekehrt, so dass das allgemeine Gesetz für das Besondere gilt, sofern nicht ausdrücklich eine abweichende Regelung getroffen wird. Der Einfluss religiös-ethischer Wertungen hinsichtlich dieser Auslegungsmethoden ist mittelbarer Form.

Die historische und die teleologische Auslegungsmethode orientieren sich am tatsächlich nachweisbaren oder mutmaßlichen Willen des Gesetzgebers. Sie berücksichtigen das Vorverständnis des Rechtsprechenden und ermöglichen besonders im Fall des Vorliegens unbestimmter Rechtsbegriffe und der Ermessensvorschriften das Einfließen religiöser Wertungen in die Subsumtion.

Zur Darstellung der Bedeutung materieller Inhalte im Recht gibt Fritjof Haft folgende Beispielsubsumtion wieder:

Grober Unfug ist strafbar.

Das Rückwärtslesen Goethes ist grober Unfug.

Goethe rückwärts zu lesen ist strafbar.

Dieser formal einwandfreie Syllogismus enthält den materiellen Fehler, der als quaternio terminorum bezeichnet wird, da das den Schluss vermittelnde Wort und seine Wiederholung bloße Homonyme sind. Der „grobe Unfug" ist im Obersatz nach altem Strafgesetz juristisch verbindlich, während es im Mittelsatz einen rechtlich unbedeutenden Sachverhalt bezeichnet. Die Trennung der Methode von der Semantik führt im Recht zu Fehlschlüssen, da der Obersatz abstrakten Gepräges aufgrund einer inhaltlichen Wertung auf den konkret-individuellen Mittelsatz bezogen wird. Darüber hinaus ist die Ableitung eines logisch zwingenden Schlusses aus partikulären Prämissen nicht möglich. Der Rechtsentstehungsprozess, in dem die Verfahren des analogizing und des distinguishing im Vordergrund stehen, basiert auf einer Methode, die aufgrund des Ebenenwechsels vom konkreten Fall zum abstrakten Niveau der ratio decidendi die materielle Wertung zwingend in die Rechtsanwendung einbezieht. Diese Wertung berücksichtigt die ethisch-moralischen Grundkategorien, die im islamischen Recht direkt religiösen Ursprungs und Inhalts sind. In der kontinentaleuropäischen Jurisprudenz können diese Inhalte mittelbar von christlichen oder philosophischen Grundwerten abgeleitet werden.

Zusammenfassung

Die Darstellung der religiösen Einflüsse im Rechtsvergleich hätte die Aufgabe, die Rechtsentstehung, welche die Frage nach dem Wesen des Rechts unter Berücksichtigung funktionaler Kriterien erläutern müsste, und die Morphologie für jeden Rechtskreis gesondert zu untersuchen und in Beziehung zu setzen. Diese Betrachtung, die sich auf die Darstellung der Morphologie beschränkt, stellt die Unterschiede und Vergleichbarkeiten hinsichtlich der Methodologie und der Rechtsaktualisierung zwischen dem islamischen Recht und der kontinentaleuropäischen Jurisprudenz dar. Die vorliegende Betrachtung verdeutlicht, dass beide Verfahrensweisen vom kulturellen Standpunkt abhängig sind.

Das Fallrecht und das abstrakte Rechtssystem sind theoretische Erklärungsmodelle, die in der Realität nicht existieren und die durch eine qualitative und quantitative Bestimmung der Bedeutung der Gesetze und Urteile charakterisiert werden müssen. Während im kontinentaleuropäischen Recht eine Trennung der Disziplinen der Religion und der Jurisprudenz besteht, sind die beiden Wissenschaftsbereiche im islamischen System verknüpft. In beiden normativen Systemen dienen die ungeschriebenen Rechtsquellen grundsätzlich der ergänzenden Regelung im Falle einer lückenhaften Normierung, die intra legem aufgrund der Mehrdeutigkeit einer Vorschrift bestehen oder sich extra legem aus der Unvollständigkeit eines Normgefüges ergeben kann. Die Unterschiede zwischen den Rechtsordnungen ergeben sich zu einem großen Teil aus der divergierenden Methodologie, die der Rechtsableitung und -auslegung zugrunde liegt. Der Methodologie des abstrakten Rechtssystems und des Fallrechts liegen allgemein formulierte Konzepte und Begriffe, die für eine Vielzahl von Fällen gelten, zugrunde. Der Prozess der Rechtsprechung und -setzung ermöglicht die Berücksichtigung religiöser Wertungen besonders aufgrund der Auslegung von Generalklauseln oder der Ermessensausübung. Während dieser Einfluss im islamischen Recht direkt auf den Rechtsquellen des Koran und der Sunna basiert und indirekt auf dem Weg des Ray, zu dem die Gesetzgebung zählt, einbezogen wird, greift das kontinentaleuropäische Recht nur mittelbar auf christliche Wertvorstellungen und Verhaltensvorschriften ohne normativen Charakter zurück.

Die Beziehung zwischen Tafsir, Sharh und Manhag al-Fiqh am Beispiel der Grundsätze des Urteils

Der Tatbestand der Rechtsbeugung ist der Ausgangspunkt für die Verdeutlichung einiger Grundgedanken zur theologischen Exegese des Quran und der Sunna und der Methodologie des Fiqh.

Innerhalb der Systematik der Sharia betrifft die Rechtspflege die staatliche Ordnung und das öffentliche Leben. Diese steht der privaten Ordnung, die das Familien- und Vermögensrecht, insbesondere das Steuerrecht umfasst, gegenüber. Zu den Voraussetzungen der Regelkonformität des richterlichen Handelns zählen: die Gerechtigkeit, die Hingabe an Allah, die Reife, der Verstand, der moralische Lebenswandel, die Zugehörigkeit zum männlichen Geschlecht, die Klugheit, die Fähigkeit der linguistischen Spracherfassung und die Rechtskenntnis bezüglich der Sharia. Rechtswirksames Handeln setzt Ibn Taymiyya zufolge voraus, dass das Handeln mit dem Recht übereinstimmt, während die Nichtigkeit zur Grundlage hat, dass dies nicht der Fall ist.

Malik ibn Anas, Kitab al-aqdiyya, 1 <Vielmehr bin ich ein Mensch wie ihr und wenn ihr mir euren Streit vortragt, sind vielleicht einige verständiger in ihrem Beweis als andere, so dass ich entsprechend dem, was ich davon höre, richte. Zu wessen Gunsten ich etwas vom Anspruch der anderen Partei richterlich entschieden habe, soll davon nichts nehmen.

Vielmehr würde ihm ein Teil des Höllenfeuers zugewiesen werden.>

Sure an-nisa: 105 <Wir sandten euch das Buch mit Recht herab, damit du nach dem, was Allah dir zeigte, unter den Leuten urteiltest. Sei kein Anwalt der Verräter.>

Sure an-nisa: 107 <Und urteile nicht zugunsten derer, die sich selbst ins Unrecht setzen [...].>

Die Tathandlung besteht in der Pflichtverletzung des Richters, die im Prozess vorgelegten Beweise sorgfältig zu prüfen und die Parteien hinsichtlich der Pflicht zur Beibringung der richtigen Beweise zu beraten. Eine Zurechnung fremder Tatbeiträge infolge eines Zwanges oder einer Täuschung ist mit den quranischen Prinzipien nicht vereinbar. Dies bestätigen die im Folgenden aufgeführten Zitate.

Sure al-anam: 52 <Und vertreibe nicht die, welche ihren Herrn morgens und abends anrufen, um seine Wege zu ergründen. Ihr seid für euch gegenseitig nicht verantwortlich, weder du für sie, noch sie für dich. Im Falle ihrer Vertreibung zähltest du zu den nicht gesetzmäßig Handelnden.>

und al-mudaththir: 38 <Jeder haftet für seine eigenen Taten.>

Dem Richter wird die Verletzung der Prüfungs- und Beratungspflicht zur Last gelegt, während sich die Partei wegen der Beweisfälschung, zum Beispiel in Form der Urkundenfälschung, strafbar macht. Der Vorsatzbegriff basiert auf der Entscheidungsfreiheit des Menschen, deren Erörterung im Rahmen dieser Abhandlung nicht möglich ist.

Der Vorsatz – die Absicht, die Quasi-Absicht und die Fahrlässigkeit - bezieht sich auf die Verwirklichung des in der Tathandlung enthaltenen Unrechtsgehaltes. Möglicherweise liegt ein Irrtum über die Sach- oder Rechtslage vor, beispielsweise im Fall eines Irrtums über die Authentizität der Beweise oder sofern der Richter die Pflicht zur Beratung und Prüfung verkennt. Awad stellt drei Fallgestaltungen dar, in denen die Verantwortlichkeit ausgeschlossen ist. Die erste besteht darin, dass der Richter im Rahmen der Zuständigkeit und des Gesetzesvorrangs und -vorbehalts handelt. In einem zweiten Fall verstößt der zuständige Richter, der gutgläubig hinsichtlich des Gesetzesvorbehalts ist, gegen das Gesetz, ohne dass ihm eine Vernachlässigung der Prüfungs- und Untersuchungspflicht vorzuwerfen ist. In einer dritten Fallgestaltung überschreitet der Richter, der im Rahmen der örtlichen Kompetenz handelt, seine sachliche Zuständigkeit, indem er beispielsweise ein ungültiges Gesetz anwendet. Er ist dabei gutgläubig hinsichtlich des Gesetzesvorrangs und -vorbehalts und verletzt keine Sorgfaltspflicht. Die Buße hinsichtlich des vollendeten Delikts, deren Auswirkungen sich auf das Diesseits und das Jenseits beziehen, könnte Härten mildern.

Al-baqara: 54 <[...] Zeigt Reue eurem Schöpfer gegenüber [...]. Dann wendet er sich euch wieder gnädig zu. Er ist der Vergebende, der Barmherzige.>

Al-baqara: 160 <Außer denen, die bereuen, Frieden stiften und sich erklären. Diesen wende ich mich gnädig zu. Ich bin der Vergebende, der Barmherzige.>

Der Quran, die Sunna und der Ray, der durch den Igma gestützt ist, stellen die Rechtsquellen des islamischen Rechts, die eine Bindungswirkung inter omnes entfalten, dar.

Der Quran

Die Anordnungen des Quran formulieren den Willen Allahs taala, der vom Propheten des Islam, salla Allahu alayhi wa sallam, als fremdes Wort offenbart wurde. Der Quran formuliert seinen eigenen Gesetzesvorrang und -vorbehalt.

Al-baqara: 42 <Und negiert nicht das Recht mit dem Nichtigen und verschweigt die Wahrheit nicht. Ihr seid Kennende.>

Al-kahf: 5 <Weder sie, noch ihre Väter haben Kenntnis davon. Das Wort, das aus ihrem Munde kommt, ist untragbar. Sie lügen ausschließlich.>

An-nisa: 60 <Hast du nicht die gesehen, die behaupten, dass sie an das, was zu dir und das, was vor dir herab gesandt worden war, glauben? Sie wollen dem Götzendienst entsprechend urteilen, obwohl ihnen befohlen wurde, nicht an ihn zu glauben. Der Teufel will sie weit in die Irre führen.>

Diese Suren regeln das Verbot des Erlaubten, die Erlaubnis des Verbotenen und die Ausübung der Redlichkeit und Gerechtigkeit. Dem Richter obliegt die Pflicht, sein Urteil ausschließlich auf die Ge- und Verbote im Rahmen der Gesetze zu stützen. Eine mehrdeutige Formulierung erfordert eine Auslegung im Sinne des Tafsir. Obwohl das Ergebnis der Auslegung des Wortlautes nicht eindeutig zu bestimmen ist, muss die Auslegung bestimmten theologischen Regeln – der

Auslegung beispielsweise entsprechend der Linguistik, der Lugha und des Istilah, der Auslegung des Quran mit den eigenen Begriffen und den Asbab an-nuzul - folgen. Der heilige Quran beschreibt die bewusste Suche nach mehrdeutigen Begriffen, die dazu dient, die eigene Meinung scheinbar zu stützen.

Sure al-imran: 7 <Er ist es, der die Schrift auf dich herab gesandt hat. Diese enthält verbindliche Verse, die zur Urschrift zählen und andere, die mehrdeutig sind. Was diejenigen betrifft, die von Herzen vom rechten Weg abschweifen, so folgen sie den nicht klar verständlichen Stellen des Qurans, um den Streit und die eigenmächtige Auslegung zu fördern. Aber nur Allah kann es deuten. Die methodisch sauber arbeitenden Wissenschaftler sagen hingegen: „Wir glauben an das Buch. Wir glauben an alles, was von unserem Herrn stammt." Aber nur die Intelligenten verstehen dies.>

Dieser Gedanke ist übertragbar auf die Überbetonung rechtsmethodologischer Unsicherheiten bei der Rechtsauslegung und -anwendung, die den Rechtsstaat gefährdet.

Dieser Umstand bedingt verfahrensrechtlich, dass die streitige Rechtsfrage in einer Besprechung erörtert wird, wenn jemand den Richter vor dem Richterrat bezichtigt, ohne Rechtsgrundlage gehandelt oder die Grenzen dieser überschritten zu haben. Bezüglich der eindeutigen Rechtsfragen ist eine Beratung nicht erforderlich. Der

Grundsatz der Gerechtigkeit ist in den im Folgenden aufgeführten Suren des Quran niedergelegt.

An-nisa: 135 <O ihr, die ihr glaubt, setzt euch für die Gerechtigkeit ein […]>

Al-anam: 152 <Und berechnet das Maß und das Gewicht rechtmäßig. […] Und wenn ihr sprecht, handelt gerecht […]>

Saad: 22 <[…] handle nicht ungerecht und führe uns auf den rechten Weg.>

Ash-shura: 15 <[…] mir ist befohlen worden, unter euch Gerechtigkeit zu üben […]>

Das Verbot, Bestechungsgeschenke zu akzeptieren, beschreiben weitere Suren

An-naml: 36 <Als er zu Salomo kam, sagte dieser: „Ihr wollt mir mit Geld beistehen? Das, was mir Gott zukommen ließ, ist besser als das, was Er euch zukommen ließ. Nein, ihr seid es, die sich über ihr Geschenk freuen.>

Al-baqara: 188 <Und nehmt nicht gegenseitig euer Vermögen durch Betrug an euch und übergebt es nicht den Richtern, damit sie einen Teil des Vermögens der Menschen mit Vorsatz unrechtmäßig annehmen.>

Al-hudshurat: 6 <O ihr, die ihr glaubt, wenn ein Gesetzesbrecher mit einer Neuigkeit zu euch kommt, so prüfe sie, damit ihr nicht den Leuten unwissend Schaden zufügt und dann bereuen müsst, was ihr getan habt.>

Diese Suren verweisen wie al-araf: 150 darauf, dass das schnelle Urteil verwerflich ist. Das Urteilen entsprechend des Offensichtlichen ist in den Suren Ta-ha: 93 und Yusuf: 79 niedergelegt. Die Suren al-imran: 23, an-nisa: 60 und 105, al-maida: 43-45, 47-50 und 68 regeln wie die Sure al-gathiya: 18 die Gerichtsbarkeit aufgrund der Sharia.

Sure al-gathiya: 18 <Wir schufen für dich die Sharia als Anordnung, damit du ihr folgst und nicht dem Belieben derer, die sich nicht auskennen.>

Die Suren Yusuf: 52, al-araf: 150 und an-naml: 22-23 regeln das Gebot für den Richter, die Argumente der Gegner zu hören. Entsprechend der Sure Yusuf: 52 kann der Richter entsprechend eines Geständnisses urteilen.

Die Sure an-nur: 7 und 9 <und fünftens soll der Zorn Allahs über ihn kommen, wenn er zu den Lügnern gehört>

regelt den Meineid und das Leisten des heiligen Eides, dessen Verfahren in der

Sure al-maida: 107 <Wenn bekannt wird, dass sie sich einer Sünde schuldig gemacht haben, sollen zwei andere, die den Rechtsinhabern am Nächsten sind, an ihre Stelle treten. Sie sollen bei Allah schwören: „Unsere Aussage ist wahrheitsgemäßer als die der beiden. Und wir haben nicht gegen das Recht verstoßen, sonst gehörten wir zu den Straftätern."> beschrieben ist.

Die Sunna

Die Anordnungen der Hadith-qudsi-Sammlungen formulieren den Willen Allahs taala, der vom Propheten des Islam, salla Allahu alayhi wa sallam, als eigenes Wort offenbart wurde. Die Vorschriften des Propheten beruhen auf einem Verhalten, das aktiv, bi-fial, sein kann oder verbal, bi-qaul, oder konkludent, bi-tark, welches das billigende Schweigen hinsichtlich einer bekannten Entscheidung beinhaltet. Die Rechtsgrundlage für die Sunna findet sich im Quran. Die Subsidiarität der islamischen Quellen der Sunna und des Ray ergibt sich aus dem Bezug zu ihrer Ermächtigungsgrundlage.

Die Überlieferung

<Wenn ich euch eine Anordnung in der Angelegenheit eurer Religion erlasse, so gehorcht mir [...]>

beinhaltet die Kompetenzzuweisung und bezieht sich darüber hinaus auf die Ausgestaltung der Wahrnehmung dieser Aufgabe. Die Regelungen hinsichtlich der Rechtspflege finden sich bei al-Bukhari und at-Tirmidhi im „Kitab ash-shahadat", bei Muslim, Abu Dawud und Malik ibn Anas im „Kitab al-aqdiyya" bei an-Nasai im „Kitab al-qudat". Die Überlieferungen können der Exegese von mehrdeutigen Versen des Quran dienen. Nicht eindeutige Überlieferungen werden in den Shuruh auf der Basis der Methodologie des Hadith-Wissenschaftlers erläutert.

Der Ray

Die Rechtsgrundlage des Ray der Prophetengefährten findet sich in der Sunna, da der Prophet die Rechtsprechung seiner

Gefährten ausdrücklich oder konkludent bestätigt hat. Der Ray, dem eine bedeutende Rolle bezüglich der Aktualisierung des islamischen Rechts zufällt, wird in den gerichtlichen Entscheidungen, den Kommentaren und den Fatawa-Sammlungen der Autoritäten unter den Rechtsgelehrten dargestellt. Das ungeschriebene Recht basiert lediglich in dem Fall auf einer religiösen Legitimation, dass sich der Rechtsanwendende im Rahmen der vom Propheten, salla Allahu alayhi wa sallam, und dem Quran vorgegebenen Entscheidungs- und Rechtsfindungsmethoden bewegt. Voraussetzung für die Beurteilung der Einzelvorschrift ist die Analyse der juristischen Begriffe, der Merkmale der Einzelregelungen, der Methoden und der Normableitungsverfahren, die eine bedeutende Rolle innerhalb der Legitimierung und der Aktualisierung des Rechts zugleich einnehmen, im historischen Wandel. Die Normableitung aus den geschriebenen Rechtsquellen beruht auf dem Ray der Autoritäten unter den Rechtsgelehrten, der im Gegensatz zur Exegese über die Wortlautgrenze hinausgeht. Die kontrastierenden Formen des Ray, des Qiyas oder des Mafhum al-muwafaqa, haben im Kontext des Fiqh die Funktion einer Rechtsfortbildungsmethode inne, die der Richter bei der Entscheidungsfindung anwendet. Hierbei muss er den Auslegungsspielraum beachten, der umso geringer ist, je konkreter die Form und der Inhalt der Rechtsvorschrift sind. Er muss die methodologische Vorgehensweise, welche die Autoritäten der Rechtsgelehrten in ihren Werken anwenden und die von den Schülern übernommen und weiterentwickelt wurden, berücksichtigen. Aus Gründen der Subsidiarität der geschriebenen Rechtsquellen vor der Rechtsfortbildung betrifft dies nur die Fälle des distinguishing, während das overruling der Sunna verboten ist und die Abrogation dem Quran vorbehalten bleibt. Der Igtihad, der sich nicht an den Verfahrensweisen der Autoritäten unter den Rechtsgelehrten orientiert, welche die methodologisch aus den islamischen Rechtsquellen abgeleitete Rechtsdogmatik in den Vordergrund stellen, bietet dem Rechtsanwendenden die Möglichkeit, die eigene ideologische und unter Umständen willkürliche Anschauung in größerem Maße zu berücksichtigen. Die Rechtsfortbildung erstarkt dadurch zu geltendem Recht, dass die Rechtsansicht, die in einer Entscheidung oder einer juristischen Stellungnahme auf dem Wege des Ray geäußert wird, vom Konsens der Mehrzahl der islamischen Rechtsgelehrten in Form des Igma vertreten wird. Da der Konsens der Rechtsgelehrten nicht aufgrund eindeutiger Kriterien bestimmbar ist, dient die Perpetuierung des Ray in Form einer Kompilation der Rechtssicherheit. Der Muwatta, der nicht nur positives Recht enthält, ordnet bereits die theologisch-rechtlichen Vorschriften in einer Weise, die sich am praktischen Gebrauch orientiert. Das Urteil des Richters, das von anderen abweicht, ist in zwei Fällen rechtmäßig. Genehmigt eine Autorität dieses Urteil, wird vorausgesetzt, dass dies die Entscheidungsbefugnis, den Amal des Richters erweitern muss. Die zweite Bedingung setzt voraus, dass der Richter, der die abweichende Rechtsfrage entscheidet, gerecht und rechtskundig sein muss.

Das Raum-Zeit-Kontinuum des Einzelfalls beinhaltet im islamischen Fiqh die Ursache, den Existenzgrund und die Auslegungsbasis. Entsprechend der exegetischen Vorgehensweise, die beispielsweise im Tafsir Mahmud

Shaltuts erkennbar ist, bedarf es der Herausarbeitung des Fallbezugs der entsprechenden Regelungen. Das Zeitkontinuum des Einzelfalles betrifft die Vorschriften über die diesseitigen und die jenseitigen religiösen Rechtsfolgen, die das Zuwiderhandeln gegen eine Norm nach sich zieht. Aufgrund des Vorrangs des öffentlichen Interesses an der Rechtssicherheit wird das Urteil, das auf einer vorgetäuschten Sachlage beruht, rechtskräftig. Dies ergibt sich aus dem Ray der Rechtswissenschaftler, der besagt, dass ein Urteil, das hinsichtlich des Vermögens, eines Vertrages oder einer Dienstleistung zu Gunsten der Partei, welche die Beweise gefälscht hat, gefällt wird, im Diesseits Rechtskraft besitzt. Das der Realität entsprechende Rechtsverhältnis ist lediglich im Jenseits bedeutsam. Das Raumkontinuum bezeichnet den personen- und sachbezogenen Geltungsanspruch der Einzelvorschrift. Während die Zahl der erfassten Fälle und Adressaten einer Rechtsvorschrift als generell oder vereinzelt ein rein quantitatives Verhältnis angibt, sind die Art der Adressaten und der Fallbezug qualitativer Natur und bezeichnen die hypothetische oder reale Eigenschaft der Beziehung zwischen dem Sachverhalt und der Einzelnorm. Hasan al-Turabi betont die realitäts- und fallbezogene Qualität der islamischen Vorschriften, die bereits im Quran und in der Sunna mit diesen Eigenschaften erlassen wurden. Die Verselbständigung der Vorschriften des Konsenses vom konkreten Einzelfall, die der Rückgriff auf eine nicht bezeichnete Anzahl hypothetischer Sachverhalte indiziert, verursacht eine reziprok proportionale Beziehung zwischen dem einfachen Gesetzeswortlaut und der nicht bezifferbaren Vielfalt nicht konkretisierter hypothetischer Fälle, die virtuell zu berücksichtigen ist. Das Postulat des Fallbezugs resultiert nicht aus der Präferenz der Einzelfallgerechtigkeit, sondern beruht auf den oben genannten Funktionen.

Die Scharia bezeichnet die Summe der Vorschriften Allahs taala und den Weg. Sie umfasst die Glaubensgrundsätze, die Aqaid, die religiösen Pflichten, die Ibadat, die gesellschaftliche Ordnung, die Muamalat und die Ethik, die Akhlaq. Al-Fiqh al-akbar ist ein Synonym für die Aqaid. Wie die Sure al-maida besagt, kann eine abschließende Beschreibung des Manhag nicht existieren.

Al-maida: 48 <Für jeden von euch schufen wir ein Gesetz und eine Methode.>

Die Anzahl der neuzeitlichen Religionsschulen, deren methodologische Verfahrensweisen vielfältig sind und die eines Vergleichs mit den klassischen Prinzipien bedürfen, ist groß. Die Formulierung der Prinzipien einer islamischen Methodologie wirkt der Tendenz entgegen, politisch oder sozial erwünschte Ziele mit Hilfe der Freiheit im Rahmen der Verfahrensweise unter Berufung auf die vermeintliche Divergenz der Rechtsschulen und des Rechtsvergleichs beliebig zu definieren. Die Festlegung einer methodologischen Konzeption, die der Rechtssicherheit dient, wird durch die methodologischen Ambivalenzen im Bereich der Interpretation der primären Rechtsquellen und deren Abgrenzung vom Ray erschwert. Das Prinzip des islamischen Gesetzes lässt sich am Beispiel eines Baumes erläutern: Die Wurzel stellt die Scharia dar, ohne die der Baum nicht wachsen kann. Die Sunna ist mit dem Stamm vergleichbar, der wie eine Stütze wirkt. Die Zweige sind der Fiqh, die Furu, welche die Flexibilität und Anpassung des Fiqh an die gegenwärtigen Bedingungen des Lebens gewährleisten.

Die islamische Ethik

Die Sprache

Ash-Shuara: 137 <Dies ist nichts als die Sitte der Früheren.>

Diese Sure beschreibt die Verbindung zwischen der islamischen Ethik und der Übung und Gewohnheit. Eine Wortverwandtschaft besteht mit dem Begriff Khaliq, der den Schöpfer bezeichnet, während Khulq als Synonym für Hasan, der das Gute und Schöne benennt, verwendet wird. Der Khalq hingegen drückt die äußere Vorstellung, die mittels des Sehens vermittelt wird, aus. Der Khuluq beinhaltet das innere, verstandesgemäße Begreifen.

Das Wesen der Ethik

Die Interpretation des Imam al-Ghazali zur Sure

as-Sad: 71-72 <Als dein Herr zu den Engeln sprach: „Ich werde einen Menschen aus Ton erschaffen". Wenn ich ihn geformt und ihm von meinem Geist eingehaucht habe, dann fallt und werft euch vor ihm nieder.">

betont die Ambivalenz zwischen dem Körper, der aus Lehm geschaffen ist und dem Geist, der von Allah taala eingehaucht wird. Dies spiegele sich im Charakter der Ethik, welche die Belohnung des guten Verhaltens impliziere, wider. Die guten Taten resultierten ohne andauernde Übung oder strenge Strafen aus einem Zustand der Freude.

Das Gute ist das Wesen der quranischen Ethik und die edle Eigenschaft ist das Ziel der prophetischen Offenbarung.

Abd al-Mugid al-Laban definiert die Ethik als Teil der Seele, der den Ursprung der Taten darstelle. Die Sittsamkeit sei positiv, wenn die Taten im Sinne des Geistes und des Gesetzes als positiv betrachtet würden, während sie negativ sei, wenn das Gegenteil vorläge. Diese Betrachtung lässt eine Analogie zur rechtlichen Ausführung Ibn Taymiyyas erkennen, der betont, dass die Sharia die Basis der Richtigkeit – as-Sihha – des Handels darstellte. Die Rechtswirksamkeit – al-Haqq - setze voraus, dass das Handeln mit dem Recht übereinstimme, während die Nichtigkeit – al-Batil - impliziere, dass dies nicht der Fall sei. Dieser Sachverhalt beinhaltet ein Beispiel für die Kohärenz der Sharia und der Akhlaq.

Der Mensch

Die Verbindung zwischen der Sitte und der menschlichen Natur ist mit der Darstellung des Menschenbildes im Quran verknüpft sowie mit der Qualität der ethischen Werte und der Möglichkeit, erzieherisch auf einen Charakter einzuwirken.

Für die Ansicht, dass der Mensch durch Erziehung zu einem besseren Handeln angeleitet werden kann, lässt sich anführen, dass das Alter den Menschen wie die Umwelt verändert und sein Wesen keine statische Qualität besitzt. Das Ausmaß der Einflussnahme auf die Entwicklung ist begrenzt, da die Akhlaq mit den Aspekten des Willens und des zielgerichteten Handelns verknüpft sind. Die Möglichkeit der Erziehung und der Nutzen des Gebotes beruhen auf der Veränderbarkeit der Ethik, die einen Teil der menschlichen

Seele darstellt. Die Rechtleitung, die auf einem bestimmten Menschenbild im Quran beruht, legt zugrunde, dass böse, gute und ambivalente Charaktere existieren. Al-Ghazali führt erläuternd das Beispiel an, dass aus einem Apfelkern mit Wasser und Pflege ein Apfel werden könne, jedoch keine Birne. Er stellt differenzierend vier Typen von Menschen dar: Während der Unachtsame, der Irrende und der Verdorbene erzogen werden könnten, sei die pädagogische Einflussnahme auf den Bösartigen nicht möglich. Der Typus des Irrenden erkenne wie der des Unachtsamen die Qualität des Schlechten und sei sich seiner Verfehlungen bewusst. Der Verdorbene hingegen verkenne wie der Bösartige, der mit seinem Handeln prahle, die ethische Wertung bezüglich der schlechten Taten und übe diese, so dass seine Erziehung erschwert würde.

Die Quellen

Die Sure ash-Shams enthält grundlegende Aussagen zum Wesen der Seele:

ash-Shams: 7-10 <Und bei einer Seele und bei dem, der sie gebildet und ihr den Sinn für ihre Sündhaftigkeit und für ihre Gottesfurcht eingegeben hat. Erfolgreich ist derjenige, der sie rein hält und versagt hat derjenige, der sie verkommen lässt.>

Die Aussage der Sure

al-Insan: 3 <Wir haben ihm den rechten Weg gezeigt, mochte er nun dankbar oder undankbar sein.>

basiert auf der Wahlfreiheit des Menschen zwischen dem guten und dem schlechten Handeln. Die Führung durch Allah taala ist mit dem mühevollen Streben verbunden.

Die Sure al-Ankabut: 69 verweist darauf, dass die Natur des Menschen, die veränderlich ist, von den Vorfahren mitbestimmt wird.

Al-Ankabut: 69 <Und diejenigen, die in unserer Sache wetteifern - Wir werden sie gewiss auf unseren Wegen leiten. Wahrlich, Allah ist mit denen, die Gutes tun.>

Al-Hafiz ibn al-Asakir überliefert dem Mukhtasar Ibn Kathirs zufolge:

„Oh ihr Leute, Es existieren zwei ethische Elemente: das Gute und das Böse. Aus welchem Grund bevorzugt ihr das Verwerfliche gegenüber dem Lobenswerten?"

Der Maßstab

Die Akhlaq sind von Allah taala definiert worden, um als Bewertungskriterium für das Gute und das Böse zu fungieren. Es existieren verschiedene Theorien zu den Charakteristika des Maßstabs. Es wird die Ansicht vertreten, der Verstand sei die begreifende Instanz, die zwischen dem Guten und dem Bösen differenziere. Andere befürworten, dass die Fähigkeit des humanen Verstandes, das Wesen der Dinge und der

Ethik zu erkennen, begrenzt sei und jedes Individuum eine besondere Anschauung besitzen könne. Es wird die Ansicht vertreten, das Gewissen sei das Kriterium, welches über die Eigenschaft des guten und des schlechten Handelns entscheide und den Menschen von der Rechtsbefolgung abhalten könne, wenn die persönliche Einsicht nicht widerspräche.

Das Gewohnheitsrecht, das säkulare Recht und die Bräuche sind in gleicher Weise nicht geeignet, das Gute und das Böse zu definieren, da sie weder temporär, noch lokal feststehen. Der Qanun stellt in der Praxis meist ein Recht für Spezialfälle oder besondere Personengemeinschaften dar. Die ethische Bedeutung des Igma beruht auf seiner Ableitung von den islamischen Quellen unter Berücksichtigung der religiösen Methodologie.

Die Grundprinzipien

Es existieren verschiedene Grundprinzipien des ethischen Handelns, zu denen das Gebot, die sittliche Verantwortlichkeit und die Vergütung zählen.

As-Siyali verweist auf die Korrelation zwischen der Erörterung der Grundprinzipien und der Bestimmung eines Maßstabs des moralischen Handelns. Die Gestaltung der Methodologie der islamischen Sitten sei mit der Selbstbestimmtheit des Handelns verbunden. Amin zufolge beruhe die Qualität des Gebotes auf der Zugrundelegung einer sittlichen Basis des Handelns, das vom Bewusstsein gesteuert werde.

Das Gebot

Die Offenbarung ist die grundlegende Quelle des Gebots, auf welche die anderen Quellen, die wie die Pflicht an jedem Ort und zu jeder Zeit gelten, zurückzuführen sind.

Sure al-Mulk: 14 <Kennt er nicht den Erschaffenen? Er ist der Nachsichtige, der Kundige.>

Sure an-Nisa: 65 <Doch bei deinem Herrn, sie sind nicht eher Gläubige, bis sie dich zum Richter über alles machen, was zwischen ihnen strittig ist, und dann in ihren Herzen keine Bedenken gegen deine Entscheidung finden und sich voller Ergebenheit fügen.>

Der Konsens

Der Igma bezeichnet die Rechtsansicht der Gelehrten, die für die Umma verbindlich ist und dieser zugerechnet wird. Einer Überlieferung al-Bukharis im „Kitab al-itisan" zufolge sei die Gefahr eines Irrtums aufgrund der Fachkundigkeit der islamischen Theologen reduziert.

Al-Bukhari, Kitab al-itisan <Nur eine Gruppe aus meiner Umma kennt das Recht. Derjenige, der sie täuscht, fügt ihnen keinen Schaden zu, da ihnen die Anordnung Allahs gezeigt wird. Sie sind Kundige.>

Der Verstand

Die auf dem Verstand beruhende Differenzierung zwischen dem Guten und dem Bösen sowie dem Lohn und der Bestrafung stellt eine der Grundlagen der Usul dar.

Sure al-Mulk: 10 <Und sie werden sagen: „Hätten wir nur zugehört oder Verstand gehabt, so zählten wir nicht zu den Gefährten des flammenden Feuers.">

Auch das Gewissen unterscheidet im Sinne einer Emotion zwischen dem Positiven oder dem Negativen.

Sure al-Qaf: 37: <Dies dient der Ermahnung dessen, der ein Herz besitzt oder fähig ist, zuzuhören und der ein Zeuge ist.>

Die Ausnahmen

Das Gebot ist in den Fällen eingeschränkt, in denen die Erfüllung nicht möglich ist.

Sure at-Taghabun: 16 <Fürchtet Allah, soweit ihr vermögt.>

Die Erfüllung der islamischen Pflichten soll dem Muslim erleichtert werden.

Sure al-Baqara: 185 <Allah wünscht für euch die Leichtigkeit und er erstrebt für euch nicht die Schwierigkeit.>

Liegen Hindernisse vor, welche die Möglichkeit zur Verrichtung des Gebotes einschränken, beispielsweise in Fällen der Krankheit oder einer Reise, darf der Kranke das Fasten bis zu seiner Genesung verschieben. Der Reisende kann das Gebet einschränken.

Sure al-Fath: 17 <Es soll keine Hürde für den Blinden, den Kranken oder den Hinkenden entstehen.>

Das Gebot bedarf zu seiner Wirksamkeit der Umsetzung.

Die Verantwortlichkeit

Die moralische Verantwortung im religiösen oder sozialen Kontext bezieht sich auf jeden, der eine Handlung vornimmt, als Anstifter zu dieser fungiert oder Beihilfe leistet. Das bewusste Differenzieren zwischen dem Guten und dem Bösen, das zu den Bedingungen zählt, ist bezüglich des Schlafenden, des Ohnmächtigen und des Geisteskranken nicht gegeben. Die Kenntnis der relevanten Umstände, die Freiheit, die Willensfreiheit und die Absicht stellen Voraussetzungen der Verantwortlichkeit dar, die entfällt, falls die notwendigen Bedingungen nicht vorliegen. Die moralisch relevanten Handlungen werden entsprechend der Verantwortlichkeit in individuelle und kollektive Pflichten eingeteilt. Hinsichtlich der Verbote wird zwischen kleinen und großen Verfehlungen differenziert. Dem Geschöpf obliegt neben der Verantwortlichkeit in eigenen Angelegenheiten die Pflicht, die Sünden anderer zu verhindern, da das Prinzip der gemeinsamen Haftung zugrunde liegt.

Sure al-Anfal: 25 <Und fürchtet den Streit, der nicht ausschließlich die, welche von euch speziell eine Verfehlung begangen haben, trifft.>

Die Verantwortlichkeit ist nicht auf das Diesseits oder das Jenseits beschränkt.

Die Vergütung

Die Vergeltung beinhaltet den Sinn der Verantwortlichkeit, der im Erhalt des Lohns oder der Bestrafung besteht. Die Vergeltung, die das Bewusstsein betrifft, besteht im positiven oder negativen Empfinden hinsichtlich der eigenen Taten und ist mit dem Prinzip der Reue verbunden.

Der Musnad des Imam Ahmad, 5, 251 <Machen dich deine schlechten Taten unglücklich, während dich die guten erfreuen, bist du gläubig.>

Al-Bukhari, Kitab al-mazalim, 10 <Wer eine Ungerechtigkeit gegenüber dem, der ihm oder einer Sache etwas entgegensetzt, begeht, soll von ihm am Tag des Jüngsten Gerichts befreit werden. Und es obliegen ihm weder ein Dinar, noch ein Dirham. Vielmehr habe er eine gemeinnützige Tat zu verrichten, die er im Maße seiner Ungerechtigkeit ausführen soll. Ist er nicht fähig, eine soziale Handlung vorzunehmen, so übernehme er die schlechten Taten seines Gefährten und nehme sie auf sich.>

Die Vergeltung, die auf dem Gesetz beruht und mit dem islamischen Gesetz konform ist, wird als Hudud bezeichnet, da sie die Grenzen des Gesetzes präzise umschreibt und sich nicht an den persönlichen Verhältnissen des Opfers und des Täters orientiert. Die Begnadigung, die nicht eine Eigenschaft des Gesetzes betrifft, kann diese Umstände hingegen berücksichtigen. Im Falle der Verletzung des göttlichen Gesetzes solle der Angehörige der Prophetenfamilie im gleichen Maße haften wie der Schwache, um den Sinn der Gesetzesanwendung, welcher in der Verbesserung der Gesellschaft bestehe und die Reue des Einzelnen bedinge, zu erfüllen.

Die göttliche Vergeltung beinhaltet den Lohn und die Strafe im Diesseits und Jenseits. Das materielle Element der

Vergeltung im Diesseits besteht in dem Ausweg, dem Unterhalt und dem Geschenk.

Die auf den natürlichen Gesetzen beruhende Vergeltung äußert sich in Krankheiten, die aus einer Überforderung des Einzelnen resultieren oder in einem gesellschaftlichen Phänomen, das im Verlust des gegenseitigen Vertrauens und des inneren Gleichgewichts besteht.

Sure al-Talaqa: 3 <Und wer Allah fürchtet, dem schafft er einen Ausweg und Unterhalt, mit denen er nicht rechnet.>

Sure al-Hud: 3 <Verrichtet ihr ihm gegenüber die Buße, so erfreut er euch mit schönen Dingen für eine bestimmte Zeit.>

Sure an-Nahl: 112 <Allah stellte ein Gleichnis dar: Einem Dorf, dass sicher und friedlich war, wurde das Geschenk der Sorgenfreiheit von jedem Ort her gegeben. Sie glaubten nicht an die Gunst Allahs, so dass er den Hunger und die Furcht als Unglück wegen des von ihnen Verrichteten über sie brachte.>

Die immaterielle Vergütung besteht in der Rechtschaffenheit und der Gottesfurcht, während die ideelle Bestrafung in der Abwesenheit der Wertschätzung und der Ungerechtigkeit besteht.

Die Vergeltung im Jenseits besteht in gleicher Weise im Lohn, der Strafe und der materiellen oder ideellen Vergütung.

Sure al-Yunus: 64 <Für sie existiert die frohe Botschaft im Diesseits und im Jenseits.>

Sure al-Ibrahim: 42 <Allah ist nicht nachsichtig hinsichtlich dessen, was die Ungerechten verrichten, vielmehr stellt er sie zurück bis zu einem Tag, an dem die Blicke erstarren.>

Sure ar-Rad: 22-23 <Und in die Gärten von Eden, in die sie eingehen und wer von ihren Vätern, Frauen, der Nachkommenschaft und der Engel Gutes verrichtet hat. Und die Engel treten zu ihnen durch alle Tore ein: „As-salam alaykum, da ihr geduldig wart. Welch vorzügliche jenseitige Wohnstätte.">

Sure al-Muhammad: 15 <In dem Paradies, das den Gottesfürchtigen versprochen ist, existieren Bäche von Wasser, das nicht faul ist, und Bäche mit Milch, deren Geschmack sich nicht ändert, Bäche von Wein, der genussvoll für die Trinkenden ist und Flüsse von gefiltertem Honig. In ihm haben sie alle Früchte und die Vergebung Allahs.>

As-Siyali beschreibt das Verhältnis zwischen dem Glauben, der Aqida und den Akhlaq: Die Aqida entspricht der Wurzel, während die Verehrung den Zweigen ähnelt. Die Früchte sind die Sittenlehre, die zum Überleben beiträgt.

Die Religion Allahs taala, der Islam, ist umfassend, da sie durch die gegenseitige Abhängigkeit zwischen der Aqida, der Sharia und den Akhlaq gekennzeichnet ist.

Abschließende Betrachtung

Analysiert man das neuzeitliche Recht unter Berücksichtigung einer religiös-ethischen, historischen und rechtsvergleichenden Methodologie, führt die morphologische Analyse zu einer Relativierung der Unterschiede zwischen dem Fallrecht und dem abstrakten Rechtssystem bezüglich des Prozesses der Rechtsaktualisierung. Die begriffliche Systematik beider normativen Formen unterscheidet sich in der dargestellten Weise.

Die strukturelle Begründung der Notwendigkeit direkter ethischer Bezüge beruht im islamischen Recht auf der Rechtsquellenlehre. Der Irrtum, sie sei bei fehlendem Bezug zu einem religiösen Basisgesetz durch eine Überbetonung formaljuristischer Kriterien zu ersetzen, wird weniger durch die mittelbare Bedeutung der Wertungen im Rahmen der Rechtsanwendung widerlegt, sondern vielmehr durch den direkten Einfluss moralischer Anschauungen auf den Prozess der Rechtssetzung, beispielsweise die Ausformung des Staatssystems im Verfassungsrecht oder die Zugrundelegung des Rechtsguts im Strafrecht. Die Ethik konstituiert in beiden Rechtssystemen den direkten Existenzgrund des Rechts, dem das Formale zur Geltung verhelfen soll.

Im Rahmen des divergenten Denkens gibt es nur wenige Problemstellungen, die mit Hilfe der konvergenten Methode lösbar sind.

Bibliographie

Amir, Abd al-Latif, Ulum as-sunna wa ulum al-hadith. Dirasa tarikhiya - hadithiya – usuliya, Kairo 2000.

Ibn Abi Zayd al-Qayrawani, La Risala. Ou Epêtre sur les éléments du dogme et de la loi de l'islam selon le rite malikite, übersetzt von Bercher, Léon, 16. Auflage, Algier 1975.

Burgi, Martin, Möstl, Markus, Ehlers, Dirk u.a., Allgemeines Verwaltungsrecht, hg. von Erichsen, Hans-Uwe und Ehlers, Dirk, 13. Aufl, Berlin 2005.

Chaumont, Eric, Art.: Al-Shaybani, in: The Encyclopaedia of Islam. New Edition, Bd. 9: San-Sze. Leiden 1997, S. 392-394.

Ben Cheneb, Muhammad, Art.: Khalil ibn Ishaq, in: The Encyclopaedia of Islam. New Edition, Bd. 4: Iran-Kha. Leiden, New York 1960, S. 964.

Cobb, Paul, Art.: Umar (II) ibn Abd al-Aziz, in: The Encyclopaedia of Islam. New Edition, Bd. 10: T-U. Leiden 2000, S. 821-822.

Ad-Dardir, Ahmad ibn Muhammad, Aqrab al-masalik ila madhab al-imam Malik, Casablanca ca. 1970.

Fierro, Maribel, Art.: Yahya ibn Yahya al-Laythi, in: The Encyclopaedia of Islam. New Edition, Bd. 11: W-Z. Leiden 2002, S. 248-249.

Al-Ghazali, Abu Hamid Muhammad, Ihya ulum ad-din, Bd. 4, Kairo 1957.

Haft, Fritjof, Einführung in das juristische Lernen, 3. Aufl., Bielefeld 1984.

Honsell, Heinrich, Römisches Recht, 2. Aufl., Berlin, Heidelberg, New York u.a. 1992.

Kadi Iyad ibn Musa, Abu al-Fadl, Tartib al-Madarik wa taqrib al-masalik li-marifa alam madhab Malik, hg. von Ahmad Bukayr Mahmud, Bd. 1, Beirut 1967.

Khalil ibn Ishaq, Mukhtasar Khalil fi-al-Fiqh ala madhab al-imam Malik ibn Anas, Kairo o.J.

Looschelders, Dirk, Roth, Wolfgang, Juristische Methodik im Prozess der Rechtsanwendung: zugleich ein Beitrag zu den verfassungsrechtlichen Grundlagen von Gesetzesauslegung und Rechtsfortbildung, Berlin 1996.

Luhmann, Niklas, Ausdifferenzierung des Rechts, Frankfurt (Main) 1999.

Malik ibn Anas, Al-Muwatta, Rezension des Abu Musab az-Zuhri al-Madani, Bd. 1, Beirut 1998.

Malik ibn Anas, Al-Mudawwana al-kubra, Rezension des Sahnun ibn Said at-Tanuhi, Bd. 1, Beirut 1991.

An-Nimr, Abd al-Munim Ahmad, Ilm al-Fiqh, Bagdad 1990.

Pellat, Charles, Art.: Fuqaha al-Madina al-Sabaa, in: The Encyclopaedia of Islam. New Edition, Supplement. Leiden 1982, S. 310-312.

Al-Qarawi, Muhammad al-Arabi, Al-Khulasa al-fiqhiyya ala madhab as-saada al-malikiyya, o.A.

Ibn Qutayba, Abu Muhammad Abd Allah ibn Muslim, Al-Maarif, 2. Aufl., Kairo 1969.

Ar-Razi, al-Fakhr, At-Tafsir al-kabir, Teil 7, 3. Aufl., Beirut 1980.

Rheinstein, Max, Einführung in die Rechtsvergleichung, hg. von von Borries, Reimer, München 1974.

Ibn Rushd, Abu al-Walid Muhammad, Muqaddamat Ibn Rushd li-bayan ma iqtadathu al-Mudawwana min al-ahkam, in: Malik ibn Anas, Al-Mudawwana al-kubra, Rezension des Sahnun ibn Said at-Tanuhi, Bd. 5, Beirut 1991.

As-Sawi, Ahmad ibn Muhammad, Bulghat as-salik li-aqrab al-masalik ila madhab al-imam Malik, Bd. 1, Khartum 1998.

Schacht, Joseph, Art.: Ibn al-Qasim, in: The Encyclopaedia of Islam. New Edition, Bd. 3: H-Iram. Leiden, London 1971, S. 817.

Shaltut, Mahmud, Tafsir al-Quran al-karim, 3. Aufl., Kairo 1965.

As-Siyali, Sayyid Abd al-Aziz, Ath-Thaqafa al-islamiyya fi al-aqida wa ash-sharia wa al-akhlaq, Kairo 1998.

As-Suyuti, Kitab tazyin al-mamalik, in: Malik ibn Anas, in: Al-Mudawwana al-kubra, Rezension des Sahnun ibn Said at-Tanuhi, Bd. 1, Beirut 1991.

At-Tauwati, Abu al-Qasim, Al-Isaf bi-at-talab. Mukhtasar sharh Manhag al-muntahab fi qawaid madhab li-imam Malik, hg. von Hamza Abu Faris, Tripolis 1997.

http://es.wikipedia.org/wiki/Derecho_comparado.

*http://en.wikipedia.org/*wiki/Ratio_decidendi.

www.ingramcontent.com/pod-product-compliance
Lightning Source LLC
Chambersburg PA
CBHW051814170526
45167CB00005B/2015